Wege zum Wirtschaftsprüfer

Detlef Jürgen Brauner (Hrsg.)

Wege zum Wirtschaftsprüfer

Traditioneller und verkürzter Berufszugang, Examensvorbereitung und erfolgreicher Berufseinstieg

16., überarbeitete Auflage

EWP

Edition Wissenschaft & Praxis

Bibliografische Information der Deutschen Nationalbibliothek

Die Deutsche Nationalbibliothek verzeichnet diese Publikation in der Deutschen Nationalbibliografie; detaillierte bibliografische Daten sind im Internet über http://dnb.d-nb.de abrufbar.

Satz: L101 Mediengestaltung, Fürstenwalde
Druck: mediaprint solutions GmbH, Paderborn
Gedruckt auf FSC-zertifiziertem Papier

ISBN 978-3-89673-817-2 (Print)
ISBN 978-3-89644-353-3 (E-Book)

Verlagsanschrift: Duncker & Humblot GmbH, Carl-Heinrich-Becker-Weg 9,
12165 Berlin, Germany | E-Mail: info@duncker-humblot.de
Internet: http://www.duncker-humblot.de

Vorwort

Die Erstauflage dieses jährlich erscheinenden grundlegenden Informationswerkes für den Berufsnachwuchs der Wirtschaftsprüfer erschien vor 15 Jahren. Seitdem erfreut sich dieses Buch einer stetig wachsenden Beliebtheit – dies dokumentiert nicht zuletzt eine Gesamtauflage von rund 70.000 Print-Exemplaren sondern auch die rasante Zunahme der Downloads (der Text wurde 2024 bereits 8.000! mal heruntergeladen – mit stark steigender Tendenz).

In den vergangenen Jahren hat sich viel getan: Im Zuge der Internationalisierung der Berufszugangsregelungen ergab sich die Notwendigkeit einer Verkürzung des Berufszuganges durch integrierte Ausbildungsgänge und entsprechende Studiengestaltung. Mit der Anerkennung von Studiengängen nach § 8a WPO und der Anerkennung von Prüfungsleistungen nach § 13b WPO wurde dieser Entwicklung Rechnung getragen.

Darüber hinaus wurde im Februar 2019 ein modularisiertes Prüfungsverfahren im WP-Examen eingeführt. Dadurch wird eine individuellere persönliche Examensplanung möglich: die abzulegenden Prüfungsgebiete müssen nicht mehr im Block absolviert werden, sondern können als Module auf einen maximal sechsjährigen Prüfungszeitraum verteilt werden.

Die vorliegende 16. Auflage wurde vollständig überarbeitet und inhaltlich erweitert; zunächst erfolgen grundlegende Informationen zum traditionellen und verkürzten Berufszugang. Daran anschließend stellen sich jene nach § 8a WPO anerkannten Hochschulen vor und jene Hochschulen, denen die Prüfungsstelle für das WP-Examen bestätigt hat, dass ihre Prüfungen denen des WP-Examens nach § 13b WPO gleichwertig sind. Der zweite Teil enthält eine umfassende Checkliste zur Vorbereitung auf das WP-Examen, einen Überblick über die Nachhaltigkeitsprüfung für Wirtschaftsprüfer sowie einen Beitrag zur Berufs-Haftpflichtversicherung. Diese inhaltliche Erweiterung hat uns dazu bewogen, den bislang etwas sperrigen Titel (Verkürzung des WP-Examens nach § 8a WPO und § 13b WPO) zu ändern in: Wege zum Wirtschaftsprüfer.

Mein besonderer Dank gilt Herrn Ass. jur. Henning Tüffers von der WP-Kammer, dessen fachlich kompetente Beratung – seit der Erstauflage vor

15 Jahren – für die Entstehung und Weiterentwicklung dieses Werkes äußerst hilfreich war.

Das generische Maskulinum dient nur der leichteren Lesbarkeit des Texts. Sämtliche Angaben beziehen sich auf alle Geschlechter.

Dr. Detlef Jürgen Brauner
Herausgeber

Inhalt

Teil 1

I. Grundlegende Informationen

II. Profile anerkannter Hochschulen

Anerkennung nach § 8a WPO

Anerkennung nach § 13b WPO

Teil 2

Teil 1

I. Grundlegende Informationen

Der Wirtschaftsprüfer

Von WP/StB Dr. Henrik Solmecke, Director Education & Recruiting, Institut der Wirtschaftsprüfer in Deutschland e. V. (IDW), Düsseldorf

1. Berufsbild und Tätigkeitsbereiche

Es ist die Vielfalt, die den Beruf des Wirtschaftsprüfers (WP) so interessant macht: Sein Tätigkeitsfeld reicht von der klassischen Abschlussprüfung und Steuerberatung bis hin zur Aufdeckung von Straftaten (Fraud), der Bewertung oder der Prüfung von Nachhaltigkeitsberichten. Dass hierfür fundierte Kenntnisse in nahezu allen wirtschaftlichen Bereichen erforderlich sind, versteht sich von selbst – und nicht umsonst gilt das Wirtschaftsprüferexamen als eines der schwierigsten Examina in Deutschland. Doch wer es geschafft hat, hat eines gewiss nicht: Langeweile.

Der Wirtschaftsprüferberuf ist ein sog. „freier Beruf": Als WP tätig werden darf nur, wer als solcher öffentlich bestellt wurde. Dafür ist eine persönliche und fachliche Eignung nachzuweisen, die in einem Zulassungsverfahren und einem anspruchsvollen staatlichen Examen festgestellt wird. Nur WP dürfen gesetzliche Abschlussprüfungen durchführen. Künftig wird voraussichtlich eine weitere Vorbehaltsaufgabe hinzukommen: Die Prüfung von Nachhaltigkeitsberichten. Ein entsprechender Gesetzentwurf sieht vor, dass nur WP diese Tätigkeit durchführen dürfen. Die Fähigkeiten und Kenntnisse, über die ein WP für diese Vorbehaltsaufgaben verfügt, bieten beste Voraussetzungen dafür, auch zahlreiche weitere, anspruchsvolle Dienstleistungen anzubieten, seien sie prüferischer oder beratender Art. Auftraggeber profitieren regelmäßig von der Vielfalt methodischer und fachlicher Kenntnisse, die WP aus ihrer Tätigkeit als Abschlussprüfer mitbringen, aus ihren Erfahrungen mit unterschiedlichen Geschäftsmodellen und Branchen, der Vertrautheit mit innovativen Technologien sowie nicht zuletzt vom besonderen Vertrauen, das der Abschlussprüfung entgegengebracht wird. Weil Vorstände und Geschäftsführer, Banker, Richter oder Juristen um die hohe Qualifikation, ihre praxisorientierten Kenntnisse und ihre Vertrauenswürdigkeit wissen, sind WP – auch außerhalb der Vorbehaltsaufgaben – gern gesehene Experten.

Zum Leistungsangebot des WP gehören im Wesentlichen folgende Arbeitsgebiete – jeweils mit der Möglichkeit, individuelle Tätigkeitsschwerpunkte zu setzen:

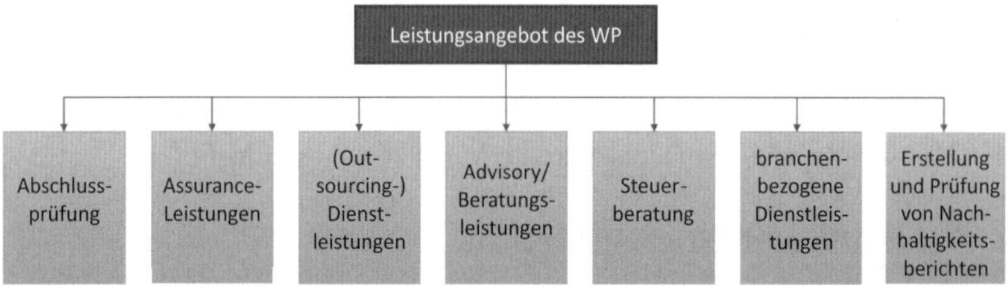

Abschlussprüfung

Die Kernaufgabe des WP besteht nach § 2 Abs. 1 der Wirtschaftsprüferordnung (WPO) darin, betriebswirtschaftliche Prüfungen, insbesondere solche von Jahresabschlüssen wirtschaftlicher Unternehmen, durchzuführen und Bestätigungsvermerke über die Vornahme und das Ergebnis solcher Prüfungen zu erteilen.

Die Jahresabschlussprüfung erfüllt eine wichtige gesellschaftliche Aufgabe: Ohne sie wüssten beispielsweise Banken oder andere Geldgeber nicht, ob die Unternehmensdaten, die ihrer Investitionsentscheidung zu Grunde liegen, richtig oder falsch sind. Sie würden daher einen pauschalen Risikoaufschlag nehmen, worunter insbesondere die Unternehmen leiden, die sich sonst zu günstigeren Konditionen refinanzieren könnten. Es kommt mithin zu einer fehlerhaften Kapitalallokation. Der WP hilft dabei, die asymmetrisch verteilten Informationen auszugleichen: Durch sein Testat bestätigt er, dass die für die Investitionsentscheidung relevanten Informationen zutreffend sind. Die Geldgeber können sich nun auf die Daten verlassen und risikoadäquate Finanzierungen anbieten. Doch nicht nur Geldgeber profitieren von bestätigten Jahresabschlüssen: Auch für Lieferanten, Kunden, Arbeitnehmer oder Steuerbehörden ist die Verlässlichkeit dieser Informationen von höchster Bedeutung. Eine Abschlussprüfung ist insgesamt also nicht nur im Interesse aller Kaufleute, sie ist zudem Grundvoraussetzung für eine funktionierende und nachhaltige Wirtschaft.

Für die Jahresabschlüsse mittelgroßer und großer Kapitalgesellschaften ist eine Prüfung daher gesetzlich vorgeschrieben; daneben sind aber auch andere

Unternehmen prüfungspflichtig, z. B. Banken und Versicherungen. Die Durchführung gesetzlich vorgeschriebener Jahresabschlussprüfungen ist dem Berufsstand der WP vorbehalten. Daneben werden WP häufig mit der freiwilligen Prüfung von Jahresabschlüssen beauftragt.

Bei der Jahresabschlussprüfung durchleuchtet der WP das Unternehmen von Kopf bis Fuß. Ein Fokus liegt dabei auf den Unternehmensprozessen: Der WP identifiziert anhand umfangreicher Aufzeichnungen, durch Datenanalysen aber auch in Gesprächen mit Mitarbeitern des Unternehmens mögliche Fehlerquellen. Zudem umfassen seine Tätigkeiten Einzelfallprüfungen: So prüft der WP, ob die Maschinen oder Vorräte vorhanden und werthaltig sind, ob die Umsätze in der richtigen Periode erfasst wurden oder ob aus den Unternehmensverträgen wesentliche Risiken resultieren. Dafür braucht er nicht nur ein gutes Zahlenverständnis und analytische Fähigkeit, auch eine gute Kommunikationsfähigkeit ist zentrale Voraussetzung für eine qualitativ hochwertige Abschlussprüfung.

Assurance-Leistungen

Neben der Jahresabschlussprüfung erbringt der WP auch andere Prüfungsleistungen, sog. Assurance-Leistungen: Auf Grundlage eines Soll-Ist-Vergleichs gibt der WP ein Urteil (bspw. in Form einer Bescheinigung) ab, um das Vertrauen der vorgesehenen Nutzer in eine von Unternehmen gegebene Sachverhaltsinformation zu erhöhen. Assurance-Leistungen können sich – wie die Abschlussprüfung – auf die externe Rechnungslegung des Unternehmens beziehen (z. B. prüferische Durchsicht bzw. Review von Quartals- oder Halbjahresabschlüssen). Im Unterschied zur Abschlussprüfung wird das Urteil mit einem anderen Sicherheitsgrad getroffen. Assurance-Leistungen können aber auch zu Finanzinformationen außerhalb der periodischen Rechnungslegung (z. B. im Zusammenhang mit Börsentransaktionen) erfolgen. Sie können sich sogar auf andere Gegenstände als Finanzinformationen beziehen, etwa die Prüfung von sog. Compliance-Management-Systemen, die Beurteilung des internen Kontrollsystems oder die Prüfung von Software hinsichtlich der Einhaltung bestimmter funktionaler und technischer Anforderungen. Gemeinsam ist diesen Leistungen, dass sie in aller Regel Know-how und Kompetenz in Gestalt fundierter Rechnungslegungsexpertise oder Kenntnisse über die prüferische Methodologie und den Einsatz prüferischer Werkzeuge erfordern.

Zunehmende Bedeutung erlangt die Beurteilung von Nachhaltigkeitsinformationen. Einige Unternehmen sind schon heute verpflichtet, sog. Nachhaltigkeitsberichte aufzustellen. Andere stellen diese Berichte freiwillig auf. Der WP kann diese Berichte prüfen. Alternativ kann er auch bei der Erstellung dieser Berichte unterstützen.

Durch eine EU-Richtlinie, der sog. Corporate Sustainability Reporting Directive (CSRD), werden in den nächsten Jahren etwa 15.000 Unternehmen in Deutschland verpflichtet, Nachhaltigkeitsberichte aufzustellen und prüfen zu lassen. Der deutsche Gesetzgeber muss diese Richtlinie in nationales Recht umsetzen. Ende März 2024 hat der Deutsche Gesetzgeber den Referentenentwurf zur Umsetzung der CSRD veröffentlicht. Danach dürfen nur Wirtschaftsprüfer Nachhaltigkeitsberichte prüfen. Erforderlich ist, dass sich die Wirtschaftsprüfer hierzu gesondert registrieren lassen.

Outsourcing-Dienstleistungen

Eine mögliche Form der Auslagerung von Unternehmenstätigkeiten – insbesondere im Kreis kleinerer und mittlerer Unternehmen – ist die Beauftragung eines WP mit der Abschlusserstellung. Darüber hinaus gibt es ein breites Spektrum unterschiedlicher Funktionen, in denen WP tätig werden können: etwa durch Unterstützung beim Berichtswesen, im Zahlungsverkehr, bei der Lohn- und Gehaltsabrechnung, bei der internen Revision oder durch die (zeitweise) Übernahme von Managementaufgaben (z. B. im Rahmen einer Unternehmenssanierung). Vor dem Hintergrund der steigenden Bedeutung des Datenschutzes und der hiermit verbundenen Ausweitung von Unternehmenspflichten wird dem WP auch vermehrt die Aufgabe des Datenschutzbeauftragten übertragen.

Beratungsleistungen

Methodenkompetenz, breite Ausbildung und Erfahrungen aus Prüfungstätigkeiten einschließlich langjähriger Kenntnisse des Unternehmens bzw. der Branche machen WP zum geeigneten Berater bei der Lösung einer Vielzahl von betriebswirtschaftlichen Fragen strategischer und operativer Art.

Wichtige Kategorien von Beratungsleistungen sind beispielsweise

- Transaktionsberatung
- Unternehmensbewertung
- Restrukturierungs- und Sanierungsberatung
- Forensic/Fraud-Untersuchungen
- IT-Beratung
- Erstellung von Nachhaltigkeitsberichten.

Anlass für Beratungsleistungen im Zusammenhang mit Unternehmenstransaktionen sind in der Regel Unternehmens- bzw. Beteiligungskäufe, Fusionen oder Börsengänge. Der WP kann von der Vorbereitung über die Umsetzung bis zur Nachbereitung einzelne oder alle Prozessschritte begleiten. Daneben gibt es diverse weitere Anlässe für die Bewertung von Unternehmen oder Unternehmensteilen, bspw. bei Vermögens- bzw. Erbauseinandersetzungen.

Wenn Krisen nicht erkannt werden, kann das für ein Unternehmen lebensbedrohend sein. Transparenz ist für Management und Kapitalgeber wichtig, um eine fundierte Risikoabschätzung vornehmen und eine Entscheidung über weitere Maßnahmen treffen zu können. Zudem birgt das Nichterkennen von Insolvenzeröffnungsgründen für die gesetzlichen Vertreter empfindliche haftungs- und strafrechtliche Risiken. Auch hier ist die Kompetenz des WP gefragt: als Ersteller eines Sanierungskonzepts, als Chief Restructuring Officer in der Unternehmensleitung oder als Insolvenzverwalter.

WP können dabei helfen, Wirtschaftskriminalität in Form von Betrug, Geldwäsche, Korruption, Unterschlagung oder andere Formen von Vermögensschädigungen aufzudecken. Bei entsprechenden Verdachtsfällen können mit forensischen Methoden durchzuführende Unterschlagungsprüfungen beauftragt werden. Ebenfalls können WP Empfehlungen zum Schutz vor Wirtschaftskriminalität entwickeln.

Verlässliche Daten sind wichtige Grundlagen für unternehmerische Entscheidungen. Die von WP angebotenen Dienstleistungen haben oft IT-gestützte Geschäftsprozesse, IT-Systeme oder Datenmodelle zum Gegenstand. Typische Fragen der Beratung betreffen die IT-Sicherheit, den Datenschutz, die IT-Abhängigkeit und -Verfügbarkeit (Business Continuity Management), den Einsatz Künstlicher Intelligenz oder die Prozesseffizienz. Gerade in der Corona-Krise haben deutsche Unternehmen nicht nur die Notwendigkeit der Digitalisierung – angefangen beim Homeoffice bis hin zu digitalen Geschäftsprozessen – unmittelbar erfahren, sie haben auch einen gewaltigen Sprung nach vorne gewagt. Der WP mit seiner digitalen Expertise unterstützt die Unternehmen, diesen Weg weiterzugehen.

Steuerberatung

Nach § 2 Abs. 2 der WPO dürfen WP ihre Auftraggeber in steuerlichen Angelegenheiten beraten und vertreten. In der Praxis gehört die Steuerberatung zu den Kernbereichen der Tätigkeit des WP. Steuergestalterische Aspekte sind bei fast allen unternehmerischen Entscheidungen zu beachten, häufig bestimmen sie deren Vorteilhaftigkeit. Die komplexe Steuergesetzgebung bedingt ein umfassendes Wissen sowie rechtliche und betriebswirtschaftliche Expertise. Dies gilt bspw. bei Unternehmensgründungen, Unternehmenserwerben, Nachfolgeregelungen und zahlreichen weiteren Investitionsentscheidungen.

Daneben gehört die laufende Steuerberatung inkl. Erstellung der erforderlichen Steuererklärungen zu den Standardleistungen.

Branchenbezogene Dienstleistungen

Neben der Art der Dienstleistung ist das Angebot von WP häufig durch besondere Branchenschwerpunkte gekennzeichnet. Beobachtbar sind vor allem folgende Schwerpunkte:

- Transport- und Automobilindustrie/Verkehr- und Logistik
- Chemie und Pharmaindustrie
- Handel und Konsumgüter
- Financial Services (Banken und Versicherungen)
- Energiesektor
- Öffentlicher Sektor
- Stiftungen
- Krankenhäuser
- Immobilien.

2. Vereinbare und unvereinbare Tätigkeiten

Zu den Besonderheiten des Wirtschaftsprüferberufs gehört nicht zuletzt wegen des entgegengebrachten besonderen öffentlichen Vertrauens auch, dass grundsätzlich nur solche Tätigkeiten ausgeübt werden dürfen, die mit dem Beruf und dessen Ansehen vereinbar sind.

Die vereinbaren Tätigkeiten eines WP sind in § 43 a Abs. 2 WPO aufgeführt. Zu ihnen zählen u. a.:

- Ausübung eines anderen freien Berufes (auf den Gebieten der Technik oder des Rechtswesens), z. B. die Ausübung des Berufs als Steuerberater, Rechtsanwalt und Patentanwalt,
- Lehr- und Vortragstätigkeiten als Lehrer an Hochschulen, aber auch die Durchführung von Lehr- und Vortragsveranstaltungen zur Vorbereitung auf die Examina als WP und Steuerberater,
- schriftstellerische Tätigkeit, beispielsweise als Autor oder Herausgeber fachliterarischer wie belletristischer Bücher, unabhängig davon, ob eine Entgeltlichkeit bzw. Gewinnerzielungsabsicht besteht,
- Tätigkeiten z. B. beim IDW, bei der Wirtschaftsprüferkammer (WPK) und beim Deutschen Rechnungslegungs Standards Committee (DRSC).

Unter den für einen WP *unvereinbaren* Tätigkeiten sind solche zu verstehen, die der Wahrung der beruflichen Pflichten, insbesondere der Pflicht zur Unabhängigkeit, entgegenstehen. Unvereinbare Tätigkeiten für einen WP sind u. a.:

- gewerbliche Tätigkeiten: Gemäß § 43a Abs. 3 Nr. 1 WPO ist dem WP jede gewerbliche Tätigkeit – auch die gelegentliche – untersagt. Hierzu gehören auch Provisionsgeschäfte, die durch die eigentliche Berufstätigkeit als WP ausgelöst sein können,
- berufsfremde Anstellungsverhältnisse; gleichgültig, ob in Form eines schlichten Angestelltenverhältnisses, als gesetzlicher Vertreter (Vorstand, Geschäftsführer) oder bei sozietätsfähigen Personen (vereidigte Buchprüfer, Steuerberater, Rechtsanwälte),
- öffentlich-rechtliche Dienstverhältnisse; z. B. als Wahlbeamter oder Minister. Ausgenommen hiervon ist die Tätigkeit als Lehrer an Hochschulen oder wissenschaftlichen Einrichtungen,

- die Tätigkeit als Syndikus für ein gewerbliches Unternehmen. Als sachgerechte Ausweitung der Tätigkeit des WP und zur Förderung der Nachwuchsgewinnung sprechen sich die WPK und das IDW allerdings für die Zulassung des Syndikus-WP aus und regen eine entsprechende Änderung der WPO an – zumal die Berufsrechte der Rechtsanwälte und der Steuerberater eine Syndikus-Tätigkeit gestatten.

Unter bestimmten Umständen kann die WPK für unvereinbare Tätigkeiten eine Ausnahmegenehmigung erteilen, wenn durch die Tätigkeit das Vertrauen in die Einhaltung der Berufspflichten nicht gefährdet werden kann.

3. Persönliche Anforderungen an den Wirtschaftsprüfer

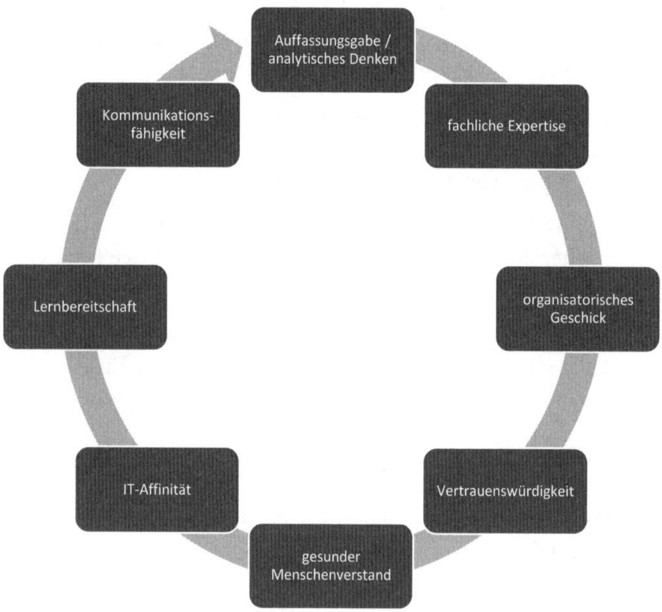

Die Zeiten, in denen der WP in einem Kellerbüro Aktenordner wälzt und Zahlen miteinander vergleicht, sind – wenn es sie denn je gegeben hat – längst vorbei. Der heutige WP ist mehr Projektmanager mit ausgeprägten analytischen Fähigkeiten. Entsprechend vielfältig sind die persönlichen Anforderungen, die er zu erfüllen hat. Zu nennen sind insbesondere die folgenden:

- Der WP braucht eine gute Auffassungsgabe: In kürzester Zeit muss er sich in die Unternehmensprozesse einarbeiten, Fehler erkennen und dem Mandanten auch Optimierungsvorschläge unterbreiten können.
- Der WP braucht fachliche Expertise: Regelmäßig wird er mit komplexen Fragen zur Rechnungslegung, Prüfung und Bewertung konfrontiert. Er muss sich schnell in neue fachliche Themen einarbeiten, Zusammenhänge erkennen und die richtigen Schlüsse ziehen können.
- Der WP braucht organisatorisches Geschick: Jeder Prüfungs- und Beratungsauftrag ist ein eigenes Projekt mit Zeit- und Mitarbeiterplanung. Versäumt er Termine, kann dies zu empfindlichen Haftungsfällen führen. Zum Beispiel hat der WP bei der Prüfung von Nachhaltigkeitsberichten die Arbeit auch anderer Professionen (z.B. Biologen, Chemiker oder Ingenieure) zu koordinieren und muss deren Feststellungen hinsichtlich ihrer Relevanz für das Prüfungsurteil einschätzen können.
- Der WP muss vertrauenswürdig sein: Der Gesetzgeber schenkt dem WP mit den Vorbehaltsaufgaben ein besonderes Vertrauen. Im Gegenzug fordert er mit den gesetzlich verankerten Berufsgrundsätzen ein einwandfreies Verhalten ein: Der WP muss unabhängig und unbefangen, gewissenhaft, verschwiegen und unparteilich sein. Er muss Verantwortung für seine Tätigkeiten übernehmen und sich berufswürdig verhalten. Zudem darf er nicht auf unlautere Art und Weise werben.
- Der WP braucht einen gesunden Menschenverstand: Er muss bestimmte Verhaltensweisen oder Muster erkennen können und wissen, wo er suchen muss. Bei der Jahresabschlussprüfung ist er zu einer kritischen Grundhaltung (professional scepticism) verpflichtet.
- WP setzen bei ihrer Tätigkeit zahlreiche digitale Tools ein, um ihre Aufgabe möglichst effizient zu erfüllen. Viele Prüfungsleistungen werden inzwischen auch remote durchgeführt. Eine gewisse IT-Affinität ist daher unerlässlich.
- Der WP muss neugierig sein: Mit dem Examen hat der WP eine wichtige Hürde genommen und hat gezeigt, dass er über besondere Expertise verfügt. Das reicht aber nicht aus, um für die Dauer seines Berufslebens fachlich auf dem aktuellen Stand zu bleiben. Lebenslanges Lernen ist im WP-Beruf keine Floskel, sondern Alltag. Der WP ist daher auch zu einer regelmäßigen Fortbildung verpflichtet.
- Nicht zuletzt muss der WP kommunikativ sein: In keinem anderen Beruf kommen junge Menschen so schnell in Kontakt mit den Chefetagen. Ein souveränes und wortgewandtes Auftreten ist dabei eine Grundvorausset-

zung. Zudem darf sich der WP bei seinen Fragen nicht abwimmeln lassen und muss Unklarheiten akribisch nachgehen. Besonderes Einfühlungsvermögen ist gefordert, wenn der WP Mitarbeiter des Unternehmens auf mögliche Fehler aufmerksam macht.

Allein kann ein WP die oben skizzierten Anforderungen und Aufgaben kaum bewältigen. Er braucht einen starken Rückhalt, den er beim IDW findet. Das IDW bietet allen WP aller Segmente eine Heimat und unterstützt den WP bei seiner täglichen Arbeit. So versorgt ihn das IDW mit den für ihn relevanten Informationen, bietet eine Plattform zum Austausch mit Berufskollegen und unterstützt ihn und seine Mitarbeiter bei fachlichen Fragen, mit Arbeitshilfen, Checklisten, Tools oder Fortbildungsveranstaltungen. Das IDW vertritt zudem die Interessen des Berufsstands gegenüber Politik, Regierung und in internationalen Gremien.

4. Das Wirtschaftsprüferexamen

Die Bestellung zum WP/zur WPin setzt voraus, dass zuvor das Berufsexamen mit Erfolg abgelegt worden ist (§ 15 WPO). Im Berufsexamen haben die Bewerber nachzuweisen, dass sie über die für die Berufsausübung erforderlichen Kenntnisse und Fähigkeiten verfügen.

Zulassungsvoraussetzungen

Die WPO verlangt für die Zulassung zur Prüfung grundsätzlich ein abgeschlossenes Hochschulstudium sowie den Nachweis über bestimmte berufliche Tätigkeiten.

Daneben gibt es Möglichkeiten des Berufszugangs ohne Hochschulausbildung, die in der Praxis aber von untergeordneter Bedeutung sind.

Derzeit haben 91,7 % der WP ein Hochschulstudium abgeschlossen. Sie verteilen sich auf folgende Studiengänge:

Betriebswirtschaft	69,4 %
Volkswirtschaft	3,4 %
Jura	4,5 %
Sonstige Studiengänge	14,1 %
Ohne Studienabschluss	8,6 %

Quelle: WPK (Stand: 01.01.2025)

Unter den sonstigen Studiengängen sind u. a. landwirtschaftliche, naturwissenschaftliche und IT-Studiengänge vertreten.

Berufszugang für Hochschulabsolventen

Um das Wirtschaftsprüferexamen vollständig ablegen zu können, muss der Bewerber nach Abschluss des Studiums eine für die Ausübung des Berufs genügende **praktische Ausbildung** bei einem WP, einer Wirtschaftsprüfungsgesellschaft (WPG) oder einer sonstigen Prüfungseinrichtung gem. § 8 Abs. 2 Nr. 1 WPO erhalten haben.

Anknüpfend an die Regelstudienzeit wird eine mindestens dreijährige praktische Ausbildung in der Wirtschaftsprüfung verlangt. Beträgt die Regelstudienzeit der Hochschulausbildung weniger als acht Semester, verlängert sich die Tätigkeit auf vier Jahre. Diese Regelung betrifft insbesondere Hochschulabsolventen mit einem Bachelorabschluss. Ein im Ausland absolviertes Studium wird bei Gleichwertigkeit des Abschlusszeugnisses anerkannt.

Von seiner gesamten praktischen Ausbildung muss der Bewerber mindestens zwei Jahre bei einem WP, einer WPG, einem vereidigten Buchprüfer (vBP), einer Buchprüfungsgesellschaft (BPG) oder einer der in § 9 Abs. 3 WPO genannten Prüfungseinrichtungen überwiegend an (gesetzlich vorgeschriebenen oder freiwilligen) Abschlussprüfungen teilgenommen und bei der Abfassung von Prüfungsberichten mitgewirkt haben (**Prüfungstätigkeit**). Die Prüfungstätigkeit kann auch bei einem Abschlussprüfer in einem anderen EU/EWR-Mitgliedstaat ausgeübt werden. Der Nachweis der Prüfungstätigkeit muss mindestens 53 Wochen umfassen.

Auf die praktische Ausbildung können bestimmte Tätigkeiten für eine Höchstdauer bis zu einem Jahr angerechnet werden: Dazu zählen eine Tätigkeit als Steuerberater, als Revisor in größeren Unternehmen oder als Prüfer im öffentlichen Dienst, eine Tätigkeit in einem Prüfungsverband nach § 26 Abs. 2 KWG, bei der WPK, dem IDW, DRSC oder der APAS (Abschlussprüferaufsichtsstelle). Angerechnet werden kann auch eine Tätigkeit im Ausland, wenn sie bei Angehörigen von Berufen abgeleistet wird, die dem WP vergleichbar sind.

Die praktische Ausbildung kann auch in Teilzeit ausgeübt werden. Teilzeitbeschäftigungen werden aber nur in dem Umfang berücksichtigt, der dem Verhältnis zwischen der Teilzeitbeschäftigung und einer Vollzeittätigkeit entspricht.

Bevor das Examensmodul „Wirtschaftliches Prüfungswesen, Unternehmensbewertung und Berufsrecht" abgelegt werden kann, muss die praktische Ausbildung (einschl. Prüfungstätigkeit) vollständig erfüllt sein. Die weiteren Module des Examens können seit dem Jahr 2022 bereits nach einer mindestens sechsmonatigen praktischen Tätigkeit absolviert werden.

Berufszugang für Steuerberater und langjährig Beschäftigte

Eine Zugangsmöglichkeit besteht für Steuerberater, die ihren Beruf mindestens fünf Jahre ausgeübt haben, wobei diese währenddessen oder danach zwei Jahre Prüfungstätigkeit bei einem WP, einer WPG oder bei sonstigen in § 9 Abs. 3 WPO genannten Personen absolvieren müssen. Nach 15-jähriger Berufstätigkeit als Steuerberater entfällt der Nachweis der Prüfungstätigkeit.

Ferner gibt es noch die Möglichkeit des Berufszugangs für Personen, die sich mindestens zehn Jahre lang beruflich bewährt haben – entweder bei einem WP, bei einer WPG oder bei einem vergleichbaren, in § 8 Abs. 2 WPO genannten Arbeitgeber, wobei wiederum zwei Jahre Prüfungstätigkeit (nach dem fünften Jahr der Mitarbeit) absolviert werden müssen.

Antrag auf Zulassung

Sind die Zulassungsvoraussetzungen über einen der o. g. Zugangswege erfüllt, ist der Antrag auf Zulassung zur Prüfung unter Verwendung der vorgesehenen Formblätter (www.wpk.de) zu stellen. Einzelheiten des Prüfungsverfahrens sind in der Wirtschaftsprüferprüfungsverordnung (WiPrPrüfV) geregelt (vgl. dazu auch Fachbeitrag von *Michael Hüning* und *Henning Tüffers*).

Zuständig für die Durchführung des Zulassungs- und Prüfungsverfahrens ist die bei der WPK eingerichtete Prüfungsstelle. Sie bezieht in die Durchführung ihrer Aufgaben die Landesgeschäftsstellen der WPK ein.

Prüfungsgebiete

Die schriftliche Prüfung besteht aus insgesamt sieben Klausuren, die jeweils vier bis sechs Stunden dauern. Diese Klausuren betreffen die folgenden Prüfungsgebiete:

- Wirtschaftliches Prüfungswesen, Unternehmensbewertung und Berufsrecht (2 Klausuren)
- Angewandte Betriebswirtschaftslehre/Volkswirtschaftslehre (2 Klausuren)
- Wirtschaftsrecht (1 Klausur)
- Steuerrecht (2 Klausuren)

Eine verkürzte Prüfung können auf Antrag ablegen:

- Steuerberater und Bewerber, die die Steuerberaterprüfung bestanden haben (hier entfällt das Prüfungsgebiet Steuerrecht, § 13 WPO) sowie
- Absolventen von Studiengängen, die zur Ausbildung von WP besonders geeignet sind (§ 8a WPO) und Bewerber, die im Rahmen einer Hochschulausbildung gleichwertige Prüfungsleistungen erbracht haben (§ 13b WPO), siehe hierzu den nachfolgenden Abschnitt.

Das Prüfungsgebiet **Wirtschaftliches Prüfungswesen, Unternehmensbewertung und Berufsrecht** umfasst:

1. Rechnungslegung
   - Buchführung, Jahresabschluss und Lagebericht
   - Konzernabschluss und Konzernlagebericht, Bericht über die Beziehungen zu verbundenen Unternehmen
   - international anerkannte Rechnungslegungsgrundsätze
   - Rechnungslegung in besonderen Fällen
   - Jahresabschlussanalyse
2. Prüfung
   - Prüfungen der Rechnungslegung: rechtliche Vorschriften und Prüfungsstandards, insbesondere Prüfungsgegenstand und Prüfungsauftrag, Prüfungsansatz und Prüfungsdurchführung, Bestätigungsvermerk, Prüfungsbericht und Bescheinigungen, andere Reporting-Aufträge
   - sonstige gesetzlich vorgeschriebene Prüfungen, insbesondere aktienrechtliche Sonderprüfungen, Prüfung von Risikofrüherkennungssystemen, Geschäftsführungsprüfungen
   - andere betriebswirtschaftliche Prüfungen, insbesondere Due Diligence-Prüfungen, Kreditwürdigkeitsprüfungen, Unterschlagungsprüfungen, Wirtschaftlichkeitsprüfungen, Prüfung von Sanierungskonzepten
3. Grundzüge und Prüfung der Informationstechnologie
4. Bewertung von Unternehmen und Unternehmensanteilen
5. Berufsrecht, insbesondere Organisation des Berufs, Berufsaufsicht, Berufsgrundsätze und Unabhängigkeit.

Das Prüfungsgebiet **Angewandte Betriebswirtschaftslehre, Volkswirtschaftslehre** umfasst:

1. Angewandte Betriebswirtschaftslehre
   - Kosten- und Leistungsrechnung
   - Planungs- und Kontrollinstrumente
   - Unternehmensführung und Unternehmensorganisation
   - Unternehmensfinanzierung und Investitionsrechnung

Eingeschlossen sind methodische Problemstellungen der externen Rechnungslegung, der Corporate Governance und der Unternehmensbewertung.

2. Volkswirtschaftslehre
   - Grundzüge der Volkswirtschaftslehre und Volkswirtschaftspolitik
   - Grundzüge der Finanzwissenschaft

Das Prüfungsgebiet umfasst Grundkenntnisse anwendungsorientierter Mathematik und Statistik.

Das Prüfungsgebiet **Wirtschaftsrecht** umfasst:

1. Grundzüge des Bürgerlichen Rechts einschließlich Grundzüge des Arbeitsrechts und Grundzüge des internationalen Privatrechts, insbesondere Recht der Schuldverhältnisse und Sachenrecht
2. Handelsrecht, insbesondere Handelsstand und -geschäfte einschließlich internationalem Kaufrecht
3. Gesellschaftsrecht (Personengesellschaften und Kapitalgesellschaften, Recht der verbundenen Unternehmen), Corporate Governance und Grundzüge des Kapitalmarktrechts
4. Umwandlungsrecht
5. Grundzüge des Insolvenzrechts
6. Grundzüge des Europarechts.

Das Prüfungsgebiet **Steuerrecht** umfasst:

1. Abgabenordnung und Nebengesetze, Finanzgerichtsordnung;
2. Recht der Steuerarten, insbesondere
   - Einkommen-, Körperschaft- und Gewerbesteuer
   - Bewertungsgesetz, Erbschaftsteuer, Grundsteuer
   - Umsatzsteuer, Grunderwerbsteuer
   - Umwandlungssteuerrecht

3. Grundzüge des Internationalen Steuerrechts.

Zu einer möglichen Ergänzung der Prüfungsgebiete um das Modul „Nachhaltigkeit" vgl. die gesonderten Ausführungen zur Umsetzung der Nachhaltigkeitsrichtlinie in Deutschland.

Prüfungsablauf

Das Wirtschaftsprüferexamen wird bundeseinheitlich durchgeführt, d.h. unabhängig von dem Ort, an dem die Prüfung abgelegt wird, sind dieselben Klausuren zu bearbeiten.

Die Prüfung erfolgte bislang als Blockprüfung, d.h. dass die sieben Klausuren zu den vier Prüfungsgebieten innerhalb von drei Wochen geschrieben werden mussten. Den Klausuren folgte eine mündliche Prüfung, in der alle Prüfungsgebiete abgefragt wurden. Auf Initiative des IDW und der WPK hat sich dies seit 2019 geändert: Nun ist es möglich, die Prüfungsgebiete (Module) über einen **Zeitraum von längstens sechs Jahren** zu strecken. Durch die Verteilung über mehrere Jahre wird das Wirtschaftsprüferexamen kalkulierbarer und es ist möglich, das Examen auf die individuelle Lebensplanung (Elternzeiten, Auslandseinsätze etc.) abzustimmen. Dabei ist es jedem Kandidaten freigestellt, wie er die vier Module auf die sechs Jahre verteilt. So kann der Kandidat alle Klausuren zu einem Zeitpunkt schreiben, was der bisherigen Blockprüfung entspricht, jedes Jahr ein Modul absolvieren oder jeweils zwei Module pro Examenstermin bündeln. Jede Modulprüfung besteht dabei aus einer schriftlichen und einer mündlichen Prüfung.

Die Prüfung ist bestanden, wenn alle abzulegenden Module bestanden sind. Jedes Modul kann innerhalb des Sechs-Jahres-Prüfungszeitraums zweimal wiederholt werden. Ein bestandenes Modul verfällt innerhalb dieses Prüfungszeitraums nicht.

Die Prüfung ist nicht bestanden, wenn der Sechs-Jahres-Zeitraum entweder abgelaufen ist, ohne dass alle Module bestanden sind, oder ein Prüfungsgebiet auch im dritten Versuch nicht bestanden wurde. Dann kann die gesamte Prüfung einmal wiederholt werden: Es beginnt also ein neuer Sechs-Jahres-Zeitraum, wobei die bestandenen Module aus dem ersten Sechs-Jahres-Zeitraum verfallen und damit erneut absolviert werden müssen.

Seit dem Jahr 2022 ist es möglich, die Module BWL/VWL, Steuerrecht und Wirtschaftsrecht zeitnah nach Abschluss des Studiums bereits nach einer mindestens sechsmonatigen praktischen Tätigkeit zu absolvieren. Der Gesetzgeber hat damit einen Vorschlag des IDW und der WPK aufgegriffen.

Bestellung und Vereidigung

Nach bestandener Prüfung wird der Bewerber auf Antrag durch Aushändigung einer von der WPK ausgestellten Urkunde als WP bestellt. Vor der Aushändigung der Urkunde muss der Bewerber den Berufseid vor der WPK leisten. Er ist sodann berechtigt, im beruflichen Verkehr die Berufsbezeichnung „Wirtschaftsprüfer“ zu führen; Frauen können die Bezeichnung „Wirtschaftsprüferin“ führen. Die Bestellung erlischt durch Tod, Verzicht (schriftlich gegenüber der WPK zu erklären) oder rechtskräftige Ausschließung aus dem Beruf.

Mögliche Änderungen durch die Umsetzung der Nachhaltigkeitsrichtlinie

Mit der Umsetzung der CSRD in deutsches Recht werden künftig deutlich mehr Unternehmen verpflichtet, Nachhaltigkeitsberichte aufzustellen und prüfen zu lassen. Der zum Redaktionsschluss vorliegende Gesetzentwurf sieht vor, dass nur Wirtschaftsprüfer Nachhaltigkeitsberichte prüfen dürfen. Voraussetzung ist dabei, dass sie sich hierzu gesondert registrieren lassen.

Für WP, die bis zum 1.1.2024 bestellt wurden, und für WP-Kandidaten, die sich zum 1.1.2024 im Examensprozess befanden und sich bis zum 1.1.2026 bestellen lassen, setzt die Registrierung voraus, dass sie sich zu Nachhaltigkeitsthemen fortbilden müssen. Diese Fortbildung umfasst 40 Stunden.

Künftige Examenskandidaten, bei denen die o.g. Voraussetzungen nicht vorliegen, müssen zur Registrierung als Nachhaltigkeitsprüfer eine zusätzliche Prüfung ablegen – entweder als optionales fünftes Modul im WP-Examen oder nach dem WP-Examen als gesonderte Prüfung. Diese Prüfung umfasst zwei Aufsichtsarbeiten und eine mündliche Prüfung. Zudem muss für die Registrierung eine praktische Tätigkeit von mindestens acht Monaten nachgewiesen werden. Die Tätigkeit muss die Bestätigung von Nachhaltigkeitsberichterstattungen oder andere nachhaltigkeitsbezogene Leistungen umfassen.

Das IDW hat sich in Teilen gegen diesen Entwurf ausgesprochen: Nachhaltige Risiken schlagen sich oft mit wenig Zeitverzug auch in der Finanzberichterstattung nieder. Schon heute ist dem WP die Prüfung nachhaltigkeitsbezogener Informationen nicht neu – z.B. im Zusammenhang mit der Prüfung von Umweltrückstellungen oder bei der Beurteilung der Fortführungsfähigkeit des Unternehmens, wenn dieses wegen hoher Umweltrisiken keine Finanzierung mehr bekommt. Die Trennung zwischen Nachhaltigkeits- und Finanzberichterstattung ist also künstlich, so dass es nach Auffassung es IDW auch nicht sinnvoll ist, die Prüfung der Nachhaltigkeit als ein zusätzliches optionales Modul im Examen anzubieten. Vielmehr gehört die Prüfung der Nachhaltigkeit zum Berufsbild eines jeden WP und sollte – wie heute auch schon in Anfängen umgesetzt – in die bestehenden vier Module des WP-Examens integriert werden. Damit könnte auch eine Zweiteilung des Berufsstands in WP mit Nachhaltigkeitsexpertise und WP ohne Nachhatigkeitsexpertise vermieden werden. Sollte der Regierungsentwurf so umgesetzt werden, würde Deutschland zudem aus internationaler Perspektive einen Sonderweg gehen: Mit den sogenannten International Education Standards (IES) werden die Anforderungen an Professional Accountans festgelegt. Eine aktuelle Überarbeitung der IES sieht gerade die Integration der Nachhaltigkeit in alle Tätigkeitsfelder des Professional Accountants vor.

Welche Auswirkungen die Umsetzung der CSRD auf das WP-Examen hat, wird sich also erst in den kommenden Monaten mit dem finalen Gesetz zeigen. Unabhängig davon steht schon heute fest, dass die Beurteilung von Nachhaltigkeitsinformationen ein wesentliches Tätigkeitsfeld des WP sein wird.

Vorbereitung auf das Wirtschaftsprüferexamen

Für die Vorbereitung auf das schriftliche Wirtschaftsprüferexamen gibt es kein Patentrezept. Vielmehr sind mehrere Vorgehensweisen bzw. Strategien möglich:

- individuelle Vorbereitung ohne Teilnahme an einem Vorbereitungskurs
- Vorbereitung mithilfe von Präsenzkursen
- Vorbereitung mithilfe von Fernlehrgängen
- Vorbereitung mithilfe von Klausurenkursen (ergänzend).

Die individuelle Vorbereitung ohne Teilnahme an einem Vorbereitungskurs ist aufgrund der hohen Examensanforderungen, komplexen Prüfungsinhalte, aber auch der hohen zeitlichen Arbeitsbelastung der Prüfungskandidaten im Berufsalltag kaum realisierbar.

Dies hat dazu geführt, dass sich verschiedene Anbieter von Vorbereitungskursen mit z. T. recht unterschiedlichen Konzepten der Prüfungsvorbereitung etablieren konnten. Ein eindeutiger Rat, welches der angebotenen Konzepte den größten Erfolg verspricht, ist naturgemäß nicht möglich, zumal die Erarbeitung der Lerninhalte nicht nur von der Form der Darbietung, sondern wesentlich auch von der Vorbildung wie auch der Persönlichkeit des Kursteilnehmers (bzw. seinem Lernstil, Lernmethodik etc.) abhängt.

Um sich einen ersten Überblick über das Angebot an Prüfungsvorbereitungskursen zu verschaffen, bietet sich zunächst der Blick in die Adressliste von Anbietern von Vorbereitungslehrgängen der WPK an (wpk.de).

Grundsätzlich ist es immer sinnvoll, neben den Informationen der einzelnen Anbieter Gespräche mit examinierten Kolleginnen und Kollegen zu führen, um deren Erfahrungen mit dem einen oder anderen Anbieter in die eigene (Anbieter-) Auswahl mit einfließen zu lassen.

Die Konzeptionen der einzelnen Anbieter von Prüfungsvorbereitungskursen basieren auf Präsenzkursen, Fernlehrgängen oder Klausurenkursen, aber auch aus Kombinationen bzw. gemischten Kursen.

Unabhängig von der Form der gewählten Vorbereitung zum Wirtschaftsprüferexamen ist es wichtig, sich einer Gruppe von Gleichgesinnten anzuschließen (z. B. in einer Lerngruppe, Arbeitsgemeinschaft o. Ä.), um den doch relativ langen Weg der Prüfungsvorbereitung gemeinsam gehen zu können. Der dabei in der Regel entstehende gruppendynamische Prozess – vom oftmals unerlässlichen Gruppendruck bis hin zur Re-Motivation einzelner Gruppenmitglieder – kann als hilfreiche psychische Unterstützung in der Vorbereitungsphase gesehen werden.

Auch für die Vorbereitung auf die mündliche Prüfung kann es sinnvoll sein, sich eines Vorbereitungskurses zu bedienen. Das IDW unterstützt den Berufsnachwuchs und bietet insbesondere zu den Themen Rechnungslegung und Prüfung einen Vorbereitungskurs an (www.idw-akademie.de).

Das Wirtschaftsprüferexamen ist zweifellos eine der härtesten Prüfungen, die es in Deutschland gibt. Durch die Modularisierung ändern sich die Lerninhalte und die Anforderungen nicht, gleichwohl wird das Examen kalkulierbarer. Wer sich für den spannenden und – wie die Corona-Pandemie gezeigt hat – krisenfesten Beruf des Wirtschaftsprüfers mit exzellenten Karrierechancen interessiert, sollte sich jedoch keinesfalls von dem Examen abschrecken lassen. Mit etwas Durchhaltevermögen und einer Portion Leidenschaft ist es definitiv eine Hürde, die überwunden werden kann.

A. Anerkennung von Studiengängen nach § 8a WPO

Von Ass. jur. Henning Tüffers, Leiter der Prüfungsstelle für das WP-Examen bei der Wirtschaftsprüferkammer

I. Allgemeines

§ 8a WPO ist durch die 5. WPO-Novelle, das Gesetz zur Reform des Zulassungs- und Prüfungsverfahrens des Wirtschaftsprüfungsexamens (Wirtschaftsprüfungsexamens-Reformgesetz), 2004 in das Gesetz über eine Berufsordnung der Wirtschaftsprüfer (Wirtschaftsprüferordnung – WPO) eingefügt worden. Unter bestimmten Voraussetzungen können Hochschulausbildungsgänge (Studiengänge) als zur Ausbildung von Wirtschaftsprüfern besonders geeignet anerkannt werden. Die Vorschrift schafft die Voraussetzungen für die Anrechnung von Leistungsnachweisen von Hochschulen und eröffnet einen zusätzlichen Zugangsweg zum Wirtschaftsprüfungsexamen. Die Teilnahme am staatlichen Wirtschaftsprüfungsexamen als Voraussetzung für den Zugang zum Wirtschaftsprüferberuf wurde nicht abgeschafft, ein Teil der Prüfungen im Wirtschaftsprüfungsexamen wird durch Prüfungen ersetzt, die in einem Hochschulstudium erbracht werden.

§ 8a WPO ist des Weiteren Ermächtigungsgrundlage für den Erlass einer Rechtsverordnung zur Regelung von Einzelheiten zum Verfahren durch das Bundesministerium für Wirtschaft und Energie (BMWE), die der Zustimmung des Bundesrates bedarf. Das damalige Bundesministerium für Wirtschaft und Arbeit (BMWi) hat von der Verordnungsermächtigung durch Erlass der „Verordnung über die Voraussetzungen der Anerkennung von Studiengängen nach § 8a der Wirtschaftsprüferordnung und über die Anrechnung von Prüfungsleistungen aus Studiengängen nach § 13b der Wirtschaftsprüferordnung (Wirtschaftsprüfungsexamens-Anrechnungsverordnung – WPAnrV)“ vom 27.5.2005 Gebrauch gemacht. Die Wirtschaftsprüfungsexamens-Anrechnungsverordnung wurde zwischenzeitlich mehrfach geändert, zuletzt durch Artikel 8 der Verordnung vom 11.12.2024 (BGBl. I Nr. 411).

Ziel dieses Berufszugangsweges ist „eine Modernisierung, Verschlankung und Internationalisierung der Berufszugangsregelungen in der WPO im Sinne der deutschen Hochschulrahmenpolitik der letzten Jahre, die es notwendig macht, auch neue, integrierte Ausbildungsgänge und Studiengestaltungen neben der ‚klassischen' Ausbildung zu berücksichtigen" (BT-Drs. 15/1241, 30).

II. Voraussetzungen

1. Allgemeines

Die Anrechnung von Prüfungsleistungen aus einem Hochschulstudium setzt eine Anerkennung des Studiengangs als zur Ausbildung von Wirtschaftsprüfern besonders geeignet voraus. § 8a WPO begrenzt die Anrechnung von Studienleistungen auf bestimmte Studiengänge und schließt die Anrechnung in anderen Studiengängen erbrachter Prüfungsleistungen aus.

2. Studieninhalte

Studiengänge nach § 8a WPO müssen alle Wissensgebiete nach § 4 der Wirtschaftsprüferprüfungsverordnung (WiPrPrüfV) umfassen. Entsprechend bestimmt § 2 Abs. 1 Satz 3 WPAnrV, dass ein solcher Studiengang folgende wesentliche Lehrinhalte umfassen muss:

- das wirtschaftliche Prüfungswesen, die Unternehmensbewertung und das Berufsrecht,
- die angewandte Betriebswirtschaftslehre und Volkswirtschaftslehre,
- das Wirtschaftsrecht und
- das Steuerrecht.

Eine Verringerung der Studieninhalte durch die Anrechnung von anderweitig erbrachten Prüfungsleistungen ist nicht möglich. Bei Absolventen eines Studiengangs nach § 8a WPO, die beispielsweise auch die Steuerberaterprüfung bestanden haben, kann dies nur im Wirtschaftsprüfungsexamen berücksichtigt werden. Nur dort entfällt in diesen Fällen auch die schriftliche und mündliche Prüfung im „Steuerrecht".

3. Studienabschluss

Die Studiengänge müssen mit einer Hochschulprüfung oder einer staatlichen Prüfung abschließen.

4. Prüfungsanforderungen

Prüfungen in diesen Studiengängen müssen in Inhalt, Form und Umfang einer Prüfung im Wirtschaftsprüfungsexamen entsprechen.

Das setzt u. a. voraus, dass jedes Teilgebiet der vier Prüfungsgebiete wie im Wirtschaftsprüfungsexamen Gegenstand nicht nur einer schriftlichen, sondern auch einer mündlichen Prüfung sein kann. Die Modularisierung von Studiengängen hat dazu geführt, dass an Hochschulen mündliche Prüfungen kaum oder zum Teil auch gar nicht mehr stattfinden. Dennoch müssen in allen Modulen, die für die Feststellung der Gleichwertigkeit inhaltlich erforderlich sind, auch mündliche Prüfungen durchgeführt werden oder es müssen modulübergreifende mündliche Prüfungen vorgesehen werden, in denen die Fragen wie im Wirtschaftsprüfungsexamen dem gesamten relevanten Prüfungsgebiet entnommen werden können.

Schriftliche Prüfungen entsprechen dann nicht der Form der schriftlichen Prüfung im Wirtschaftsprüfungsexamen, wenn sie im Antwort-Wahl-Verfahren durchgeführt werden.

III. Anrechnung von Leistungsnachweisen

Leistungsnachweise („Scheine"), die in Prüfungen an der Hochschule nach § 8a Abs. 1 Nr. 3 WPO erbracht wurden, ersetzen die entsprechenden Prüfungen im Wirtschaftsprüfungsexamen. § 6 Abs. 3 Satz 1 WPAnrV begrenzt die Anrechnung auf Leistungsnachweise in den Prüfungsgebieten „Angewandte Betriebswirtschaftslehre, Volkswirtschaftslehre" und „Wirtschaftsrecht".

Voraussetzung für die Anrechnung von Leistungsnachweisen ist deren Vorlage bei der Prüfungsstelle für das Wirtschaftsprüfungsexamen bei der Wirtschaftsprüferkammer (Prüfungsstelle).

IV. Umsetzung durch die Wirtschaftsprüfungsexamens-Anrechnungsverordnung

1. Allgemeines

Das BMWE hat durch Erlass der Wirtschaftsprüfungsexamens-Anrechnungsverordnung von der Ermächtigung nach § 8a Abs. 3 WPO Gebrauch gemacht. Teil 1 der Verordnung regelt die Anerkennung von Studiengängen nach § 8a WPO.

2. Beschränkung auf Masterstudiengänge

Die Wirtschaftsprüferordnung enthält keine Regelungen zur Art der Studiengänge, die als zur Ausbildung von Wirtschaftsprüfern besonders geeignet anerkannt werden können. § 1 WPAnrV beschränkt die Möglichkeit der Anerkennung auf Masterstudiengänge. Die Anerkennung von Bachelor-, Diplom-, Staatsexamens- oder sonstigen Studiengängen wird dadurch ausgeschlossen.

3. Ausgestaltung des Masterstudiengangs

Die Anerkennung eines Masterstudiengangs setzt voraus, dass dessen Prüfungsordnung vier Theoriesemester vorsieht (§ 3 Nr. 3 WPAnrV). Diese Voraussetzung ist dann erfüllt, wenn zum erfolgreichen Abschluss des Studiengangs nicht weniger als 120 ECTS-Punkte erreicht werden müssen. ECTS ist das Europäische System zur Übertragung und Akkumulierung von Studienleistungen (European Credit Transfer and Accumulation System). Der Studiengang darf keine Praxissemester beinhalten. Ein berufsbegleitendes Teilzeitstudium ist zulässig.

Der Zugang zu dem Masterstudiengang setzt das Bestehen einer Zugangsprüfung voraus (§ 3 Nr. 2 WPAnrV). Die Zugangsprüfung muss wirtschaftsprüfungsrelevante Anteile berücksichtigen. Die gesamten Inhalte des Wirtschaftsprüfungsexamens können nicht ausschließlich in einem viersemestrigen Masterstudium vermittelt werden. Sie müssen daher bereits zum Teil zuvor, in einem Studium oder anderweitig, erlernt werden. Zweck der Zugangsprüfung ist festzustellen, ob dieses ausreichend geschehen ist.

Die Teilnahme an der Zugangsprüfung setzt einen ersten berufsqualifizierenden Abschluss voraus (§ 3 Nr. 1 WPAnrV).

Die Art des ersten berufsqualifizierenden Abschlusses hat der Verordnungsgeber offen gelassen. Es kann sich um einen Bachelor-, Diplom-, mit einem Staatsexamen abschließenden oder sonstigen Studiengang handeln.

Die Wirtschaftsprüfungsexamens-Anrechnungsverordnung enthält keine Regelung zu der fachlichen Ausrichtung des ersten berufsqualifizierenden Abschlusses. Es gibt keine gesetzliche Vorgabe, dass es sich hierbei um ein wirtschaftswissenschaftliches Studium handeln muss. Es empfiehlt sich jedoch eine breite wirtschaftswissenschaftliche Grundausbildung, die dem Niveau eines wirtschaftswissenschaftlichen Bachelorstudiums entspricht. Idealerweise führt der Ausbildungsweg über § 8a WPO daher über ein Bachelorstudium der Betriebswirtschaftslehre. Soweit dies hochschulrechtlich zulässig ist, kann eine Hochschule den Zugang zu einem Masterstudiengang nach § 8a WPO davon abhängig machen, dass der erste Studienabschluss in einem wirtschaftswissenschaftlichen Studium erlangt wurde.

Die für die Aufnahme des Studiums erforderliche berufsbezogene und mindestens sechsmonatige Praxiszeit kann in eine drei Monate (Tätigkeit gemäß § 9 Abs. 1 WPO) dauernde und nicht näher definierte praktische Ausbildung und in eine mindestens drei Monate dauernde Prüfungstätigkeit gemäß § 9 Abs. 2 WPO (§ 3 Nr. 1 WPAnrV) aufgeteilt sein. Die Prüfungstätigkeit kann als „qualifizierte Tätigkeit" innerhalb der gesamten mindestens sechsmonatigen Tätigkeit einen längeren Zeitraum umfassen, die Mindestdauer von drei Monaten Prüfungstätigkeit darf hingegen nicht unterschritten werden. Die gesamte Praxiszeit muss nach Erwerb des ersten berufsqualifizierenden Abschlusses durchlaufen werden. Praxissemester aus dem ersten Studium oder praktische Tätigkeiten während des Erststudiums werden nicht berücksichtigt. Die Praxiszeit muss vor Beginn des Studiums abgeleistet sein (§ 3 Nr. 2 WPAnrV).

4. Anerkennung des Masterstudiengangs

Die Anerkennung gemäß § 8a Abs. 1 WPO, dass ein Masterstudiengang zur Ausbildung von Wirtschaftsprüfern besonders geeignet ist, erfolgt durch Akkreditierung auf Antrag der Hochschule (§ 5 Abs. 1 WPAnrV). Der Akkreditierungsantrag enthält in der Regel die Formulierung des Antrages, eine Beschreibung des Studiengangs sowie detaillierte Angaben zur inhaltlichen Gestaltung des Studiums. Die Angemessenheit der Lehrveranstaltungen sowie die geeignete Auswahl der Themen sind in Form von Modulbeschreibungen nachzuweisen.

Eine Übersicht über anerkannte Studiengänge erfolgt im 2. Teil dieses Buches. Eine aktuelle Übersicht veröffentlicht die Wirtschaftsprüferkammer (WPK) im Internet (www.wpk.de), dort unter „Karriere“ → „Examen“ → „Hochschulen“ → „Studiengänge nach § 8a WPO“.

Die für die Anerkennung zuständige Stelle gemäß § 8a Abs. 3 Satz 1 WPO ist eine vom Akkreditierungsrat, einer Stiftung zur Akkreditierung von Studiengängen in Deutschland, zugelassene (Akkreditierungs-)Agentur (§ 5 Abs. 1 WPAnrV).

Die Feststellung, ob ein Masterstudiengang zur Ausbildung von Wirtschaftsprüfern besonders geeignet ist, setzt die Mitwirkung je eines Vertreters oder Beauftragten des BMWE, der Finanzverwaltung und der WPK voraus (§ 5 Abs. 2 WPAnrV). Die Entscheidung, ob ein Masterstudiengang zur Ausbildung von Wirtschaftsprüfern besonders geeignet ist, bedarf der Zustimmung von mindestens zwei dieser Vertreter oder Beauftragten (§ 5 Abs. 2 Satz 2 WPAnrV).

5. Referenzrahmen

Ob ein Masterstudiengang für die Ausbildung von Wirtschaftsprüfern besonders geeignet ist, wird auf Grundlage eines Referenzrahmens beurteilt (§ 4 WPAnrV). Das damalige BMWi hat gemäß § 4 Abs. 2 Satz 6 WPAnrV am 29.11.2016 die Neufassung des Referenzrahmens für verbindlich erklärt. Er wird von der Prüfungsstelle elektronisch geführt und zugänglich gemacht (§ 4 Abs. 2 Satz 7 WPAnrV.

Der Referenzrahmen regelt die Anforderungen an die einzelnen Studien- und Prüfungsziele des Masterstudiengangs sowie an den Inhalt der Zugangsprüfung (§ 4 Abs. 1 WPAnrV). Die Neufassung des Referenzrahmens ist von dem hierfür zuständigen Gremium erarbeitet und beschlossen worden. Es besteht aus je einem Vertreter oder einer Vertreterin der Aufgabenkommission, der Finanzverwaltung, der WPK, einer oder einem Beauftragten des BMWE sowie je zwei Vertretern oder Vertreterinnen des Berufsstandes, d. h. Wirtschaftsprüfern oder Wirtschaftsprüferinnen, und der Hochschulen (§ 4 Abs. 2 Satz 1 WPAnrV). Hierbei hat das Gremium den Akkreditierungsrat (s. o. A. IV. 4.)

beteiligt, der an den Sitzungen des Gremiums beratend teilnehmen kann. Der novellierte Referenzrahmen hat die zuvor geltende Fassung aus dem Jahr 2006 ersetzt.

6. Curricula

Das Gremium ist auch berechtigt, unverbindliche Lehrpläne (Curricula) zu erstellen (§ 4 Abs. 2 Satz 5 WPAnrV).

Gleichzeitig mit der Neufassung des Referenzrahmens hat das Gremium die Curricula überarbeitet. Sie fassen zu jedem Prüfungsgebiet des Wirtschaftsprüfungsexamens die in einem Hochschulstudium zu erreichenden Lernziele zusammen. Die Curricula ergänzen den Referenzrahmen als Anlage und sind nicht mehr wie zuvor ein zusätzliches Regelwerk.

Die Curricula sollen den Hochschulen, die einen Masterstudiengang im Sinne des § 8a WPO einrichten, Hinweise auf eine angemessene inhaltliche Aufgliederung und Gewichtung der Studieninhalte geben und sie bei der Umsetzung der Wirtschaftsprüfungsexamens-Anrechnungsverordnung unterstützen.

7. Anrechnung von Leistungen

Die Anrechnung von Leistungen aus einem anerkannten Masterstudiengang auf das Wirtschaftsprüfungsexamen setzt voraus, dass dem Antrag an die Prüfungsstelle auf Zulassung zum Wirtschaftsprüfungsexamen das Zeugnis über den Masterabschluss im Original oder in beglaubigter Abschrift beigefügt wird (§ 6 WPAnrV). Eine Anrechnung ist daher nur möglich, wenn der Masterstudiengang mit Erfolg abgeschlossen wird.

Zum Zeitpunkt der Antragstellung auf Zulassung zum Wirtschaftsprüfungsexamen darf die Masterabschlussprüfung nicht länger als vier Jahre zurückliegen (§ 6 Abs. 2 Satz 2 WPAnrV).

Die Leistungen aus einem Masterstudiengang ersetzen in den Prüfungsgebieten „Angewandte Betriebswirtschaftslehre, Volkswirtschaftslehre" und „Wirtschaftsrecht" die schriftlichen und mündlichen Prüfungen im Wirtschaftsprüfungsexamen (§ 6 Abs. 3 WPAnrV).

Die schriftlichen und mündlichen Prüfungen in den übrigen Prüfungsgebieten „Wirtschaftliches Prüfungswesen, Unternehmensbewertung und Berufsrecht" und „Steuerrecht" müssen wie beim „Normalexamen" vor der Prüfungskommission abgelegt werden (§ 2 WiPrPrüfV). Es empfiehlt sich daher, in dem Studium nach § 8a WPO auf die besondere Klausurtechnik in diesen beiden Prüfungsgebieten einzugehen.

Soweit das Wirtschaftsprüfungsexamen zusätzlich nach § 13 WPO (verkürzte Prüfung für Bewerber, die Steuerberater sind oder die die Prüfung als Steuerberater bestanden haben) um das Prüfungsgebiet „Steuerrecht" verkürzt wird, ist eine Ergänzungsprüfung ausgeschlossen (§ 6 Abs. 3 Satz 5 WPAnrV i. V. m. § 19 Abs. 5 WiPrPrüfV).

Grundsätzlich werden Leistungen aus einem akkreditierten Masterstudiengang auf das Wirtschaftsprüfungsexamen angerechnet. Im Einzelfall kann eine Anrechnung aber ausgeschlossen sein. Dies kann gemäß § 6 Abs. 4 WPAnrV insbesondere gerechtfertigt sein, wenn ein Masterstudiengang nach der Akkreditierung wesentlich umgestaltet wurde, so dass die besondere Eignung für die Ausbildung von Wirtschaftsprüfern ganz oder in Teilen entfallen ist.

V. Zulassung zum Wirtschaftsprüfungsexamen

Für die Zulassung von Absolventen eines Masterstudiengangs nach § 8a WPO gilt § 9 WPO mit der Maßgabe, dass eine Zulassung zum Wirtschaftsprüfungsexamen unmittelbar nach erfolgreichem Abschluss des Masterstudiums möglich ist, ohne dass es des vollständigen Nachweises der nach § 9 WPO erforderlichen Tätigkeit und Prüfungstätigkeit bedarf. Dies ergibt sich aus § 9 Abs. 6 WPO. Ein Bewerber, der einen nach § 8a WPO anerkannten Studiengang erfolgreich abgeschlossen hat, kann daher jederzeit die Zulassung zum Wirtschaftsprüfungsexamen beantragen, auch wenn er die nach § 9 Abs. 1 und Abs. 2 WPO vorgeschriebene Tätigkeit und Prüfungstätigkeit noch nicht vollständig erbracht hat. Die praktische Relevanz dieser Möglichkeit ist jedoch, anders als in den ersten Jahren ihres Bestehens, mittlerweile gering, da die meisten nach § 8a WPO anerkannten Studiengänge berufsbegleitend angeboten werden und die Absolventinnen und Absolventen dadurch in vielen Fällen bereits die erforderliche praktische und Prüfungstätigkeit erfüllt haben. Ansonsten muss der Bewerber vor der Bestellung als Wirtschaftsprüfer nachweisen, dass er insgesamt mindestens drei Jahre gemäß § 9 Abs. 1 WPO tätig war und dabei auch die erforderliche Prüfungstätigkeit gemäß § 9 Abs. 2 WPO geleistet hat (§ 15 Satz 4 WPO).

B. Anrechnung von Prüfungsleistungen nach § 13b WPO

Von Ass. jur. Henning Tüffers, Leiter der Prüfungsstelle für das WP-Examen bei der Wirtschaftsprüferkammer

I. Allgemeines

§ 13b WPO ist durch das Wirtschaftsprüfungsexamens-Reformgesetz 2004 eingefügt worden. Diese Vorschrift ist Grundlage für die Anrechnung von an einer Hochschule erbrachten Prüfungsleistungen.

§ 13b WPO „hat das Ziel, auf den Beruf des Wirtschaftsprüfers ausgerichtete Theorieangebote der Hochschulen zu fördern, um somit bestimmte Teile, (...), die im Rahmen des Wirtschaftsprüfungsexamens ohnehin erlernt werden müssen, aus dem Hochschulbereich – und damit zur Wahrung der Qualität im staatlichen Bereich belassend – anzurechnen. Damit wird nicht nur das Wirtschaftsprüfungsexamen entlastet, sondern auch (...) notwendiges Mehrfacherlernen desselben Themenstoffes zugunsten einer moderneren, schlanken und zügigeren Ausbildung vermieden“ (BT-Drs. 15/1241, 32 f.).

II. Anwendungsbereich

§ 13b WPO ist Grundlage für die Anrechnung von Prüfungsleistungen aus den Prüfungsgebieten „Angewandte Betriebswirtschaftslehre, Volkswirtschaftslehre“ und „Wirtschaftsrecht“. Eine Anrechnung von im Rahmen eines Studiums erbrachten Prüfungsleistungen aus den Gebieten „Wirtschaftliches Prüfungswesen, Unternehmensbewertung und Berufsrecht“ und „Steuerrecht“ ist nicht möglich.

III. Wirtschaftsprüfungsexamens-Anrechnungsverordnung

1. Allgemeines

Die Einzelheiten der Anrechnung von Prüfungsleistungen auf das Wirtschaftsprüfungsexamen regelt § 13b WPO nicht. Die Vorschrift ermächtigt das BMWE, die inhaltlichen und formalen Voraussetzungen für die Feststellung der Gleichwertigkeit und das Verfahren in einer Rechtsverordnung festzulegen. Der Bundesrat muss der Verordnung zustimmen.

Das damalige BMWi hat von der Verordnungsermächtigung durch Erlass der Wirtschaftsprüfungsexamens-Anrechnungsverordnung Gebrauch gemacht.

Teil 2 der Wirtschaftsprüfungsexamens-Anrechnungsverordnung regelt in Umsetzung des § 13b WPO die verkürzte Prüfung nach Anrechnung gleichwertiger Prüfungsleistungen. Es werden die Voraussetzungen und das Verfahren für die Anrechnung von Hochschulprüfungen in einem oder beiden der Prüfungsgebiete „Angewandte Betriebswirtschaftslehre, Volkswirtschaftslehre“ und „Wirtschaftsrecht“ auf das Wirtschaftsprüfungsexamen geregelt.

2. Voraussetzungen der Anrechnung

Leistungsnachweise für schriftliche und mündliche Prüfungen in einem oder beiden der Prüfungsgebiete „Angewandte Betriebswirtschaftslehre, Volkswirtschaftslehre“ und „Wirtschaftsrecht“, die in einem Studium erbracht worden sind, werden gemäß § 7 Abs. 1 Satz 1 WPAnrV auf das Wirtschaftsprüfungsexamen angerechnet, wenn

- die Prüfungen als gleichwertig festgestellt werden,
- das gewählte Haupt- oder Schwerpunktfach den wesentlichen Inhalten eines oder beider Prüfungsgebiete „Angewandte Betriebswirtschaftslehre, Volkswirtschaftslehre“ und „Wirtschaftsrecht“ entspricht und
- hierin Prüfungsleistungen erbracht worden sind.

Gleichwertigkeit ist dann gegeben, wenn die Prüfungen nach ihrem Inhalt, ihrer Form und ihrem gesamten zeitlichen Umfang denen des Wirtschaftsprüfungsexamens im Ergebnis gleichzusetzen sind (§ 7 Abs. 2 Satz 2 WPAnrV). Hierbei sind – anders als im Wirtschaftsprüfungsexamen – bei schriftlichen Prüfungen keine „großen Abschlussklausuren“ erforderlich. Mehrere schriftliche Prüfungen, in der Regel mehrere Modulprüfungen, reichen aus, wenn ihr zeitlicher Umfang insgesamt der (Mindest-)Dauer der schriftlichen Prüfung im Wirtschaftsprüfungsexamen entspricht. Bei mündlichen Prüfungen werden nicht nur „klassische" mündliche Prüfungen der Form nach als gleichwertig anerkannt, sondern auch andere mündliche Prüfungsformen wie z. B. Referate und Kolloquien. Voraussetzung ist, dass es sich um bewertete Prüfungsleistungen handelt.

Weitere Voraussetzung ist, dass jedes Teilgebiet des anzurechnenden Prüfungsgebietes – „Angewandte Betriebswirtschaftslehre, Volkswirtschaftslehre" oder „Wirtschaftsrecht" – wie im Wirtschaftsprüfungsexamen Gegenstand nicht nur einer schriftlichen, sondern auch einer mündlichen Prüfung sein kann. Die Modularisierung von Studiengängen hat dazu geführt, dass an Hochschulen mündliche Prüfungen kaum oder zum Teil auch gar nicht mehr stattfinden. Daher müssen in allen Modulen, die für die Feststellung der Gleichwertigkeit inhaltlich erforderlich sind, auch mündliche Prüfungen durchgeführt werden oder es müssen modulübergreifende mündliche Prüfungen vorgesehen werden, in denen die Fragen – wie im Wirtschaftsprüfungsexamen – dem gesamten relevanten Prüfungsgebiet entnommen werden können.

Schriftliche Prüfungen entsprechen dann nicht der Form der schriftlichen Prüfung im Wirtschaftsprüfungsexamen, wenn sie im Antwort-Wahl-Verfahren durchgeführt werden.

Die Gleichwertigkeit wird anhand des Referenzrahmens (s. o. A. IV. 5.) und darauf basierender Lehrpläne (Curricula) (s. o. A. IV. 6.) beurteilt (§ 7 Abs. 2 Satz 3 WPAnrV).

Die Wirtschaftsprüfungsexamens-Anrechnungsverordnung beschränkt die Anrechnung nicht auf bestimmte Studiengänge. Es kann sich um in- oder ausländische Studiengänge handeln (§ 7 Abs. 1 Satz 1 WPAnrV).

Durch die Wirtschaftsprüfungsexamens-Anrechnungsverordnung wird keine bestimmte fachliche Ausrichtung der Studiengänge vorgegeben. Da das gewählte Haupt- oder Schwerpunktfach gemäß § 7 Abs. 1 Satz 1 Nr. 2 WPAnrV den wesentlichen Inhalten eines oder beider Prüfungsgebiete „Angewandte Betriebswirtschaftslehre, Volkswirtschaftslehre" und „Wirtschaftsrecht" entsprechen muss, muss es sich aber um einen wirtschafts- und bzw. oder rechtswissenschaftlich oder wirtschaftsrechtlich ausgerichteten Studiengang handeln.

Zur Art des Studiengangs enthält die Wirtschaftsprüfungsexamens-Anrechnungsverordnung ebenfalls keine Vorgaben. Grundsätzlich können Prüfungen aus jedem hochschulrechtlich möglichen Studiengang angerechnet werden. Eine Beschränkung auf bestimmte Studiengänge gilt im Gegensatz zur Umsetzung des § 8a WPO nicht. Anrechenbar sind damit grundsätzlich Prüfungen aus Bachelor-, Master-, Diplom-, Staatsexamens- oder sonstigen Studiengängen.

3. Verfahren der Anrechnung

Die Gleichwertigkeit von Prüfungen und deren Anrechnung auf das Wirtschaftsprüfungsexamen stellt die Prüfungsstelle im Zulassungsverfahren zum Wirtschaftsprüfungsexamen fest (§ 9 Abs. 1 Satz 1 WPAnrV).

Die Feststellung kann auf zwei verschiedenen Wegen erfolgen: entweder gemäß § 9 Abs. 1 Satz 2 WPAnrV auf Grundlage einer zuvor einer Hochschule erteilten Bestätigung oder aufgrund einer (Einzel-)Feststellung zur Anrechnung einzelner Leistungsnachweise.

Die sog. Hochschulbestätigung ist eine Feststellung der Prüfungsstelle, dass schriftliche und mündliche Prüfungen einer Hochschule dem Grundsatz nach den Prüfungen im Wirtschaftsprüfungsexamen als gleichwertig gelten (§ 8 Abs. 1 WPAnrV).

Die Bestätigung wird einer Hochschule auf Antrag erteilt (§ 8 Abs. 1 Satz 1 WPAnrV). Eine aktuelle Übersicht der Hochschulen, denen eine Bestätigung erteilt worden ist, veröffentlicht die WPK im Internet (www.wpk.de), dort unter „Karriere“ → „Examen“ → „Hochschulen“ → „Studiengänge nach § 13b WPO“.

Die Bestätigung ist gemäß § 8 Abs. 1 Satz 2 WPAnrV verbindlich. Wenn ein Studiengang nach Erteilung der Bestätigung wesentlich umgestaltet wurde, kann gemäß § 9 Abs. 6 Satz 3 WPAnrV jedoch die Anrechnung von Prüfungsleistungen abgelehnt werden. Nach Maßgabe der Gebührenordnung der WPK ist die Bestätigung kostenpflichtig (§ 8 Abs. 2 WPAnrV).

Wenn einer Hochschule keine Bestätigung erteilt wurde, erfolgt die Feststellung der Anrechnung anhand einzelner Leistungsnachweise. Die Anrechnung ist allerdings nur dann möglich, wenn das Studium, in dem die Leistungen erbracht wurden, bis zum 17.6.2009 begonnen wurde (§ 10 Abs. 3 WPAnrV).

Bei einem Studienbeginn ab dem 18.6.2009 ist die vorherige Erteilung einer „Hochschulbestätigung“ zwingend erforderlich.

Die Leistungsnachweise sind unabhängig davon, ob eine sog. „Hochschulbestätigung“ erteilt worden ist, der Prüfungsstelle im Zulassungsverfahren zum Wirtschaftsprüfungsexamen von dem Antragsteller (§ 9 Abs. 2 Satz 1 WPAnrV).

Das Studium muss mit Erfolg abgeschlossen worden sein; hieraus ergibt sich, dass es nicht um die Anrechnung isolierter Prüfungsleistungen geht, sondern um Prüfungsleistungen aus einem konkreten Studium. Eine Anrechnung ist daher immer nur dann möglich, wenn es sich um Prüfungen aus einem tatsächlich studierten Studiengang handelt. Prüfungen, die z. B. als Gasthörer oder im Rahmen von Externenprüfungen erbracht werden, können nicht angerechnet werden.

Der erfolgreiche Studienabschluss darf zum Zeitpunkt der Antragstellung auf Zulassung zum Wirtschaftsprüfungsexamen nicht länger als acht Jahre zurückliegen (§ 9 Abs. 2 Satz 2 WPAnrV). Wenn für die Feststellung der Gleichwertigkeit sowohl Prüfungen aus einem Bachelor- als auch aus einem Masterstudium erforderlich sind, beginnt der Lauf der Acht-Jahres-Frist bereits mit Abschluss des Bachelorstudiums.

4. Folge der Anrechnung

Im Falle der Anrechnung von Prüfungsleistungen entfallen im Wirtschaftsprüfungsexamen die schriftlichen und mündlichen Prüfungen auf einem oder beiden der Prüfungsgebiete „Angewandte Betriebswirtschaftslehre, Volkswirtschaftslehre“ und „Wirtschaftsrecht“.

Soweit im Wirtschaftsprüfungsexamen aufgrund der Anrechnung beide Prüfungsgebiete entfallen und das Wirtschaftsprüfungsexamen zusätzlich nach § 13 WPO (verkürzte Prüfung für Bewerber, die Steuerberater sind oder die die Prüfung als Steuerberater bestanden haben) um das Prüfungsgebiet „Steuerrecht“ verkürzt wird, ist eine Ergänzungsprüfung ausgeschlossen (§ 9 Abs. 5 WPAnrV i. V. m. § 19 Abs. 5 WiPrPrüfV).

5. Ausschluss der Anrechnung

Die Anrechnung von Prüfungsleistungen nach § 13b WPO ist ausgeschlossen, wenn die Prüfungsleistungen bereits vor Inkrafttreten der Wirtschaftsprüfungsexamens-Anrechnungsverordnung am 8.6.2005 erbracht worden sind.

Verordnung über die Voraussetzungen der Anerkennung von Studiengängen nach § 8a der Wirtschaftsprüferordnung und über die Anrechnung von Prüfungsleistungen aus Studiengängen nach § 13b der Wirtschaftsprüferordnung (Wirtschaftsprüfungsexamens-Anrechnungsverordnung – WPAnrV)

Vom 27. Mai 2005 (BGBl. I S. 1520)
zuletzt geändert durch Artikel 4 der Verordnung
vom 28. April 2016 (BGBl. I S. 1046)

Auf Grund des § 8a Abs. 3 und des § 13b Satz 3 der Wirtschaftsprüferordnung in der Fassung der Bekanntmachung vom 5. November 1975 (BGBl. I S. 2803), die durch Artikel 1 Nr. 6 und 12 des Gesetzes vom 1. Dezember 2003 (BGBl. I S. 2446) eingefügt worden sind, verordnet das Bundesministerium für Wirtschaft und Arbeit:

Teil 1 Anerkennung von Studiengängen (§ 8a der Wirtschaftsprüferordnung)

§ 1 Besondere Eignung von Masterstudiengängen

[1]Leistungen aus einem Masterstudiengang im Sinn des § 19 des Hochschulrahmengesetzes werden auf das Wirtschaftsprüfungsexamen angerechnet, wenn der Masterstudiengang zur Ausbildung von Wirtschaftsprüfern und Wirtschaftsprüferinnen besonders geeignet ist. [2]Dies ist der Fall, wenn er den Anforderungen dieser Verordnung entspricht und akkreditiert ist (Anerkennung im Sinn des § 8a Abs. 1 der Wirtschaftsprüferordnung).

§ 2 Anerkennungsgrundlagen

(1) [1]Die Anerkennung eines Masterstudiengangs nach § 1 Satz 2 setzt voraus, dass mit dem Studiengang das Ziel erreicht wird, den Studierenden die Kenntnisse und Fähigkeiten zu vermitteln, die dem Berufsprofil des Wirtschaftsprüfers oder der Wirtschaftsprüferin entsprechen. [2]Künftige Berufsangehörige müssen am Ende ihrer Ausbildung insbesondere die Fähigkeit zur Durchführung betriebswirtschaftlicher Prüfungen sowie in den Tätigkeitsbereichen der Steuer- und Wirtschaftsberatung und der Rechtsdienstleistung die Kenntnisse und Fertigkeiten erworben haben, um Mandantenaufträge erledigen und interdisziplinäre Fragestellungen lösen zu können. [3]Der Masterstudiengang muss dazu folgende wesentliche Lehrinhalte umfassen:

1. das wirtschaftliche Prüfungswesen, die Unternehmensbewertung und das Berufsrecht,
2. die angewandte Betriebswirtschaftslehre und Volkswirtschaftslehre,
3. das Wirtschaftsrecht und
4. das Steuerrecht.

(2) [1]Das Lehrangebot muss die theoretischen und praktischen Aspekte der Ausbildung des Wirtschaftsprüfers oder der Wirtschaftsprüferin in ausgewogener Form berücksichtigen, hohe Anforderungen an eine umfassende Entwicklung der erforderlichen sozialen Kompetenz stellen und die in Absatz 1 genannten Kenntnisse und Fähigkeiten mit folgenden Ausprägungen vermitteln:

1. Grundwissen: Studierende kennen die wesentlichen Definitionen und können die herrschende Meinung wiedergeben.
2. Verständnis: Studierende können das Wissen ordnen und es systematisch wiedergeben sowie Probleme erkennen.
3. Anwendung: Studierende können das erworbene Wissen anwenden und eigene Berechnungen sowie Interpretationen erstellen; sie können Einzelfälle angemessen beurteilen und die Ergebnisse auswerten.
4. Analyse: Studierende können komplexe Problemstellungen erkennen und auf Grundlage der erworbenen Erfahrung analysieren.
5. Synthese: Studierende können korrigierend in Prozesse eingreifen, neue Vorgehensweisen entwickeln und Verbesserungsvorschläge unterbreiten; dazu gehört auch die Fähigkeit, die eigene Leistung angemessen darzustellen und lösungsorientiert weiterzuentwickeln.

6. Bewertung: Studierende können Werturteile abgeben, Vergleiche heranziehen und richtige Schlussfolgerungen ziehen, sie können Prognosen erstellen und die eigenen Aussagen rechtfertigen.

[2]Diese Ausprägungen enthalten noch keine berufliche Spezialisierung, da diese erst nach der Bestellung zum Wirtschaftsprüfer oder zur Wirtschaftsprüferin durch Praxiserfahrung und Fortbildung entwickelt wird.

§ 3 Anforderungen an den Zugang zum Masterstudiengang und dessen Ausgestaltung

Die Anerkennung eines Masterstudiengangs nach § 1 Satz 2 setzt voraus, dass die Prüfungsordnung

1. den Nachweis über die Ableistung von drei Monaten Tätigkeit gemäß § 9 Abs. 1 der Wirtschaftsprüferordnung und drei Monaten Prüfungstätigkeit gemäß § 9 Abs. 2 der Wirtschaftsprüferordnung (Praxiszeit) nach Erwerb des ersten berufsqualifizierenden Abschlusses, aber vor Beginn des Masterstudiengangs vorsieht;
2. das Bestehen einer Zugangsprüfung, die wirtschaftsprüfungsrelevante Anteile berücksichtigt, vorsieht; vor Beginn des Studiums muss die Praxiszeit abgeleistet sein;
3. für den Masterstudiengang vier Theoriesemester vorsieht;
4. vorsieht, dass die Masterabschlussarbeit in dem Prüfungsgebiet „Wirtschaftliches Prüfungswesen, Unternehmensbewertung und Berufsrecht“ geschrieben wird.

§ 4 Referenzrahmen

(1) Die Anforderungen an die einzelnen Studien- und Prüfungsziele des Masterstudiengangs auf Grundlage der in § 2 genannten Anerkennungsgrundlagen sowie an den Inhalt der Zugangsprüfung nach § 3 Nr. 2 ergeben sich aus einem fachspezifisch konkretisierten Referenzrahmen; die Prüfungsordnungen der Hochschulen bleiben unberührt.

(2) [1]Der Referenzrahmen wird von einem Gremium bestehend aus je einem Vertreter oder einer Vertreterin der Aufgabenkommission nach § 8 der Wirtschaftsprüferprüfungsverordnung, der Finanzverwaltung, der Wirtschafts-

prüferkammer, einer oder einem Beauftragten des Bundesministeriums für Wirtschaft und Energie sowie je zwei Vertretern oder Vertreterinnen des Berufsstandes und der Hochschulen erarbeitet und beschlossen. [2]Der Akkreditierungsrat kann beratend an den Sitzungen des Gremiums teilnehmen. [3]Vor einer Anpassung des Referenzrahmens soll dem Akkreditierungsrat Gelegenheit zur Stellungnahme gegeben werden. [4]Die Wirtschaftsprüferkammer ernennt die Mitglieder des Gremiums im Einvernehmen mit dem Bundesministerium für Wirtschaft und Energie. [5]Das Gremium ist auch berechtigt, unverbindliche Lehrpläne (Curricula) zu erstellen. [6]Das Bundesministerium für Wirtschaft und Energie erklärt den Referenzrahmen gegenüber den in § 5 Abs. 2 Satz 1 genannten Vertretern und Vertreterinnen für verbindlich. [7]Der Referenzrahmen wird von der Prüfungsstelle elektronisch geführt und zugänglich gemacht.

§ 5 Akkreditierung

(1) Die Akkreditierung und Reakkreditierung des Masterstudiengangs unter Berücksichtigung der Anforderungen dieser Verordnung erfolgt auf Antrag der Hochschule durch eine vom Akkreditierungsrat akkreditierte Agentur; diese ist die für die Anerkennung zuständige Stelle im Sinn des § 8a Abs. 3 Satz 1 der Wirtschaftsprüferordnung.

(2) [1]Wenn gemäß dem Antrag der Hochschule im Akkreditierungsverfahren festgestellt werden soll, ob der Masterstudiengang zur Ausbildung von Wirtschaftsprüfern und Wirtschaftsprüferinnen besonders geeignet ist, müssen bei der Akkreditierung je ein Vertreter oder Beauftragter oder eine Vertreterin oder Beauftragte des Bundesministeriums für Wirtschaft und Energie, der Finanzverwaltung und der Wirtschaftsprüferkammer mitwirken. [2]Die Entscheidung nach Satz 1 bedarf der Zustimmung von mindestens zwei Vertretern oder Beauftragten. [3]Im Fall der Zustimmung ist eine Anrechnung von Leistungen aus dem Masterstudiengang auf das Wirtschaftsprüfungsexamen möglich und wird in die Akkreditierung folgender Zusatz aufgenommen: „Leistungen aus dem Masterstudiengang können in den Prüfungsgebieten „Angewandte Betriebswirtschaftslehre, Volkswirtschaftslehre“ und „Wirtschaftsrecht“ des Wirtschaftsprüfungsexamens angerechnet werden“.

§ 6 Anrechnung von Leistungen aus dem Masterstudiengang auf das Wirtschaftsprüfungsexamen und Anrechnungsverfahren

(1) [1]Die Prüfungsstelle stellt auf Grundlage der Akkreditierung des Masterstudiengangs gemäß § 5 die Anrechnung von Leistungen auf das Wirtschaftsprüfungsexamen fest. [2]Sie lässt die antragstellende Person zum Wirtschaftsprüfungsexamen im Umfang des Absatzes 3 zu und lädt sie gemäß § 9 Abs. 6 Satz 2 der Wirtschaftsprüferordnung zum nächstmöglichen Prüfungstermin.

(2) [1]Dem Antrag an die Prüfungsstelle gemäß § 1 oder § 25 der Wirtschaftsprüferprüfungsverordnung ist das Zeugnis über den Masterabschluss im Original oder in beglaubigter Abschrift beizufügen. [2]Die Masterabschlussprüfung darf zum Zeitpunkt der Antragstellung auf Zulassung zum Wirtschaftsprüfungsexamen nicht länger als vier Jahre zurückliegen.

(3) [1]Die Anrechnung ersetzt die schriftlichen und mündlichen Prüfungen in den Prüfungsgebieten „Angewandte Betriebswirtschaftslehre, Volkswirtschaftslehre“ und „Wirtschaftsrecht“. [2]Der Kurzvortrag sowie die schriftlichen und mündlichen Prüfungen in den Prüfungsgebieten „Wirtschaftliches Prüfungswesen, Unternehmensbewertung und Berufsrecht“ und „Steuerrecht“ müssen vor der Prüfungskommission nach § 2 der Wirtschaftsprüferprüfungsverordnung nach Wahl der Prüfungsstelle auch in Sonderprüfungsterminen abgelegt werden. [3]Dies gilt auch für Rücktrittsfolge- und Wiederholungsprüfungen in den Prüfungsgebieten „Wirtschaftliches Prüfungswesen, Unternehmensbewertung und Berufsrecht“ und „Steuerrecht“. [4]In den Fällen der Sätze 2 und 3 dauert die mündliche Prüfung 60 Minuten. [5]§ 19 Abs. 5 der Wirtschaftsprüferprüfungsverordnung findet Anwendung.

(4) [1]Wenn eine Anrechnung im Einzelfall voraussichtlich nicht erfolgen kann, ist der Hochschule, die das Zeugnis über den Masterabschluss ausgestellt hat, Gelegenheit zur Stellungnahme zu geben. [2]Erfolgt danach keine Anrechnung, teilt die Prüfungsstelle dies der antragstellenden Person schriftlich oder elektronisch mit. [3]Die Ablehnung einer Anrechnung kann insbesondere gerechtfertigt sein, wenn der Masterstudiengang nach der Akkreditierung wesentlich umgestaltet wird, so dass eine besondere Eignung nach § 1 ganz oder in Teilen entfallen ist. [4]Für das Widerspruchsverfahren gilt § 5 Abs. 5 der Wirtschaftsprüferordnung entsprechend.

Teil 2 Verkürzte Prüfung nach Anrechnung gleichwertiger Prüfungsleistungen (§ 13b Wirtschaftsprüferordnung)

§ 7 Voraussetzungen der Anrechnung

(1) [1]Leistungsnachweise für schriftliche und mündliche Prüfungen in einem oder beiden der Prüfungsgebiete „Angewandte Betriebswirtschaftslehre, Volkswirtschaftslehre“ und „Wirtschaftsrecht“ eines in- oder ausländischen Studiengangs, der nicht nach Teil 1 anerkannt sein muss, werden auf das Wirtschaftsprüfungsexamen angerechnet, wenn

1. die Prüfungen als gleichwertig festgestellt werden,
2. das gewählte Haupt- oder Schwerpunktfach den wesentlichen Inhalten eines oder beider Prüfungsgebiete „Angewandte Betriebswirtschaftslehre, Volkswirtschaftslehre“ und „Wirtschaftsrecht“ entspricht und
3. hierin Prüfungsleistungen erbracht worden sind.

[2]§ 8 Abs. 3 der Wirtschaftsprüferordnung bleibt unberührt.

(2) [1]Schriftliche und mündliche Prüfungen sind nach Absatz 1 Satz 1 Nr. 1 als gleichwertig festzustellen, wenn sie solchen des Wirtschaftsprüfungsexamens entsprechen. [2]Dies ist gegeben, wenn die Prüfungen nach

1. ihrem Inhalt gemäß den §§ 4 und 15 Abs. 1 der Wirtschaftsprüferprüfungsverordnung in Verbindung mit den Anerkennungsgrundlagen und dem Referenzrahmen nach dieser Verordnung,
2. ihrer Form gemäß den §§ 10 und 15 Abs. 2, 4 und 5 der Wirtschaftsprüferprüfungsverordnung und
3. ihrem gesamten zeitlichen Umfang gemäß § 7 Abs. 2 und § 15 Abs. 3 der Wirtschaftsprüferprüfungsverordnung

im Ergebnis gleichzusetzen sind. [3]Die Gleichwertigkeit ist anhand des Referenzrahmens nach § 4 Abs. 1 und, soweit verfügbar, darauf basierender Lehrpläne (Curricula) nach § 4 Abs. 2 Satz 2 zu beurteilen.

§ 8 Bestätigung der Gleichwertigkeit an die Hochschule

(1) [1]Die Hochschule kann vor jedem Semester oder Hochschuljahr vorab bei der Prüfungsstelle eine Bestätigung beantragen, aus der hervorgeht, dass die zur Anrechnung vorgesehenen schriftlichen und mündlichen Prüfungen dem

Grundsatz nach als gleichwertig gemäß § 7 Abs. 2 gelten (Bestätigung). [2]Die Bestätigung an die Hochschule ist verbindlich; § 9 Abs. 6 bleibt unberührt.

(2) Die Bestätigung der Prüfungsstelle ist nach Maßgabe der Gebührenordnung der Wirtschaftsprüferkammer kostenpflichtig.

(3) [1]Kann eine Bestätigung nicht erteilt werden, so teilt die Prüfungsstelle dies der Hochschule schriftlich oder elektronisch mit. [2]Für das Widerspruchsverfahren gilt § 5 Abs. 5 der Wirtschaftsprüferordnung entsprechend.

§ 9 Anrechnung auf das Wirtschaftsprüfungsexamen

(1) [1]Die Prüfungsstelle stellt im Zulassungsverfahren zum Wirtschaftsprüfungsexamen die Anrechnung nach § 7 Abs. 1 und die Gleichwertigkeit nach § 7 Abs. 2 fest. [2]Die Feststellung erfolgt auf Grundlage einer Bestätigung gemäß § 8.

(2) [1]Die Leistungsnachweise sind von der antragstellenden Person im Original oder in beglaubigter Abschrift mit dem Antrag nach § 1 oder § 25 der Wirtschaftsprüferprüfungsverordnung vorzulegen. [2]Der erfolgreiche Abschluss des Studiengangs, aus dem die Leistungsnachweise stammen, darf zum Zeitpunkt der Antragstellung auf Zulassung zum Wirtschaftsprüfungsexamen nicht länger als acht Jahre zurückliegen.

(3) [1]Wird festgestellt, dass ein Leistungsnachweis angerechnet wird, entfällt die schriftliche und mündliche Prüfung in dem entsprechenden Prüfungsgebiet im Wirtschaftsprüfungsexamen; § 13 der Wirtschaftsprüferordnung bleibt unberührt. [2]Die Prüfungsstelle teilt der antragstellenden Person die für das Wirtschaftsprüfungsexamen verbleibenden Prüfungsgebiete mit.

(4) [1]Entfällt das Prüfungsgebiet „Angewandte Betriebswirtschaftslehre, Volkswirtschaftslehre“, dauert die mündliche Prüfung im Prüfungsgebiet „Wirtschaftliches Prüfungswesen, Unternehmensbewertung und Berufsrecht“ 45 Minuten. [2]Diese verlängerte mündliche Prüfung kann nach Wahl der Prüfungsstelle auch in Sonderprüfungsterminen abgelegt werden.

(5) § 19 Abs. 5 der Wirtschaftsprüferprüfungsverordnung findet Anwendung.

(6) [1]Wenn eine Anrechnung voraussichtlich nicht erfolgen kann, ist der ausstellenden Hochschule Gelegenheit zur Stellungnahme zu geben. [2]Erfolgt danach keine Anrechnung, teilt die Prüfungsstelle dies der antragstellenden Person schriftlich oder elektronisch mit. [3]Die Ablehnung einer Anrechnung kann

insbesondere gerechtfertigt sein, wenn der Studiengang nach der Bestätigung wesentlich umgestaltet wurde, so dass die Gleichwertigkeit nach § 7 Abs. 2 ganz oder in Teilen entfallen ist. [4]Für das Widerspruchsverfahren gilt § 5 Abs. 5 der Wirtschaftsprüferordnung entsprechend.

Teil 3 Schlussbestimmungen

§ 10 Übergangsvorschriften

(1) Eine Anrechnung des Masterabschlusses auf das Wirtschaftsprüfungsexamen durch die Prüfungsstelle nach Teil 1 findet nur statt, wenn der Masterstudiengang nach Inkrafttreten dieser Verordnung akkreditiert wird, auch wenn dieser bereits vor Inkrafttreten dieser Verordnung eingerichtet war.

(2) Eine Anrechnung gleichwertiger Prüfungsleistungen nach Teil 2 findet nur statt, wenn die Gleichwertigkeit der Prüfungen gemäß § 7 Abs. 2 nach Inkrafttreten dieser Verordnung durch die Prüfungsstelle festgestellt wird, auch wenn der Studiengang bereits vor Inkrafttreten dieser Verordnung eingerichtet war; Prüfungsleistungen müssen, um angerechnet werden zu können, nach Inkrafttreten dieser Verordnung erbracht worden sein.

(3) § 9 ist in der bis zum 17. Juni 2009 geltenden Fassung anzuwenden auf Prüfungsleistungen, die in einem Studium erbracht worden sind, das spätestens am 17. Juni 2009 begonnen wurde.

§ 11 Inkrafttreten

Diese Verordnung tritt am Tag nach der Verkündung in Kraft.

II. Profile anerkannter Hochschulen

Ruhr-Universität Bochum und Universität Münster

Masterstudiengang „Accounting and Auditing“

Von Dr. Andreas Bonse, ASBM Accounting School Bochum Münster gGmbH

Seit dem Studienjahr 2013 wird gemeinsam von der Fakultät für Wirtschaftswissenschaft der Ruhr-Universität Bochum und der Wirtschaftswissenschaftlichen Fakultät der Universität Münster der weiterbildende Masterstudiengang „Accounting and Auditing“ angeboten. Die beiden beteiligten Fakultäten knüpfen mit diesem Studiengang an ihre langjährige Tradition einer qualitativ hochwertigen, wissenschaftlich fundierten und praxisorientierten Ausbildung in den Gebieten „Rechnungslegung“, „Wirtschaftsprüfung“ und „Betriebswirtschaftliche Steuerlehre“ an und werden dabei durch Kooperation mit den Juristischen Fakultäten der beiden Universitäten in den Bereichen des Steuer- und Wirtschaftsrechts umfassend unterstützt.

Der Masterstudiengang ist zudem Teil des „AuditXcellence“-Programms der vier großen Wirtschaftsprüfungsgesellschaften Deloitte, EY, KPMG und PricewaterhouseCoopers und wurde 2013 mit dem DGFP-Preis für erfolgreiche Weiterbildungspartnerschaften zwischen Hochschulen und Unternehmen ausgezeichnet. Der Studiengang steht aber ebenso Mitarbeiterinnen und Mitarbeitern anderer Wirtschaftsprüfungsgesellschaften offen.

Profil des Masterstudiengangs „Accounting and Auditing“ im Überblick

Studiendauer:	7 Semester in 3,5 Studienjahren
Workload:	120 ECTS
Abschluss:	Gemeinsamer Abschluss „Master of Science (M. Sc.)“ der Ruhr-Universität Bochum und der Universität Münster
Studienbeginn:	Jährlich zum 2. Mai
Studienstruktur:	Berufsbegleitend, d. h. • jeweils Mai bis Juli und September bis Oktober Präsenz- und Selbstlernphase • jeweils November bis April Praxisphase in der Wirtschaftsprüfung
Anzahl Studierende:	maximal 45 Studierende pro Studienjahr
Studiengangleiter:	**Prof. Dr. Peter Kajüter** Lehrstuhl für BWL, insb. Internationale Unternehmensrechnung, Universität Münster **Prof. Dr. Bernhard Pellens** Lehrstuhl für Internationale Unternehmensrechnung, Ruhr-Universität Bochum
Studiengebühren:	35.000 € für den 7-semestrigen Masterstudiengang inkl. Repetitorium im 4. Studienjahr
Studienorte:	Düsseldorf, Bochum, Münster
Besonderheiten:	Teilnahme am AuditXcellence-Programm

Zielsetzung des Studiengangs

Die Zielsetzung des dreieinhalbjährigen, 120 ECTS umfassenden Masterstudiengangs liegt in einer hochqualifizierten, wissenschaftlich fundierten Ausbildung künftiger Wirtschaftsprüferinnen und Wirtschaftsprüfer, welche auf einem ersten berufsqualifizierenden wirtschafts- oder rechtswissenschaftlichen Studium aufbaut. Ausgehend von den Anforderungen der Berufspraxis der Wirtschaftsprüferinnen und Wirtschaftsprüfer sowie unter Berücksichtigung der Anforderungen des Berufsstands werden auf der Basis von Methoden- und Systemkompetenz vertiefte Fachkenntnisse und Fähigkeiten in den Gebieten des wirtschaftlichen Prüfungswesens, der Rechnungslegung, der Unternehmensbewertung, des Steuerrechts, des Wirtschaftsrechts sowie der angewandten Betriebswirtschaftslehre und Volkswirtschaftslehre vermittelt. Dabei sollen die Studierenden in diesen Gebieten zur kritischen Einordnung praxisrelevanter Fragestellungen vor dem Hintergrund aktueller Forschungsergebnisse, zu wissenschaftlich fundierter Problemlösung und zu verantwortlichem Handeln befähigt werden.

Durch die gezielte Ausbildung für den Beruf der Wirtschaftsprüferin und des Wirtschaftsprüfers in einem spezifisch zugeschnittenen Masterprogramm sowie die Anerkennung von Studien- und Prüfungsleistungen im folgenden Wirtschaftsprüfungsexamen soll der Berufszugang gefördert und erleichtert werden. Der Studiengang wird ergänzt durch ein intensives Repetitorium, um für die Absolventinnen und Absolventen die Bestehenschancen im anschließenden Wirtschaftsprüfungsexamen noch weiter zu erhöhen. Außerdem nimmt die Förderung von Schlüsselkompetenzen in dem Masterstudiengang einen hohen Stellenwert ein. Trainiert werden insbesondere intellektuelle und persönliche Fähigkeiten, Kommunikations-, Präsentations- sowie Managementfähigkeiten.

Zugangsvoraussetzungen

Zugangsvoraussetzung für den Masterstudiengang „Accounting and Auditing“ ist die Absolvierung eines fachlich einschlägigen wirtschafts- oder rechtswissenschaftlichen Studiums mit einer Regelstudienzeit von mindestens sechs Semestern (180 ECTS), welches mit einem Bachelor oder einem anderen berufsqualifizierenden Abschluss (Diplom, Staatsexamen etc.) erfolgreich beendet worden ist. Zudem bestehen folgende Zugangsvoraussetzungen zum Masterstudiengang:

1. Nachweis einer halbjährigen Praxiszeit gemäß § 3 Nr. 1 WPAnrV.
2. Erfolgreicher Abschluss einer schriftlichen Zugangsprüfung gemäß § 3 Nr. 2 WPAnrV in den Prüfungsgebieten „Angewandte BWL/VWL“, „Wirtschaftsrecht“, „Steuerrecht“ und „Wirtschaftliches Prüfungswesen, Unternehmensbewertung und Berufsrecht“, wobei alle vier Prüfungsteile separat bestanden sein müssen.

3. Erfolgreicher Abschluss einer mündlichen Zugangsprüfung, die sich inhaltlich auf die Themengebiete „Angewandte BWL“ und „Wirtschaftliches Prüfungswesen, Unternehmensbewertung und Berufsrecht“ konzentriert.
4. Nachweis besonderer Englischkenntnisse.

Die Zugangsprüfungen finden jeweils vor Beginn des Masterstudiengangs im Zeitraum Januar bis April eines jeden Jahres statt (Bewerbungsschluss 30.11. des Vorjahres). Konkret werden die schriftlichen Zugangsprüfungen in den ersten sechs Werktagen im Januar durchgeführt, die mündlichen Zugangsprüfungen schließen sich im Februar/März an.

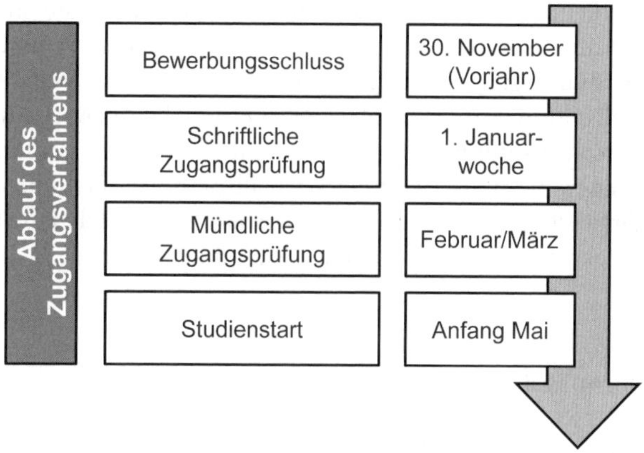

Aufbau und Ablauf des Masterstudiengangs „Accounting and Auditing“

Inhaltlich konzentriert sich der Masterstudiengang „Accounting and Auditing“ auf folgende Prüfungsgebiete:

- „Angewandte BWL/VWL“,
- „Wirtschaftsrecht“,
- „Steuerrecht“ und
- „Wirtschaftliches Prüfungswesen, Unternehmensbewertung und Berufsrecht“.

Innerhalb der zugehörigen Lehrveranstaltungen werden dabei optimal abgestimmt praktische und theoretische Fachinhalte vermittelt und Schlüsselkompetenzen umfassend gefördert. Zudem sind verpflichtend eine Seminararbeit und eine Masterarbeit zu verfassen, die sich zunehmend auf Themen der Nachhaltigkeitsberichterstattung beziehen.

Der Studienverlauf folgt der Idee, die Inhalte der verschiedenen Prüfungsgebiete aufbauend auf den aus dem ersten berufsqualifizierenden Studium erworbenen Kompetenzen sukzessive zu vertiefen. Prüfungsgebiete, die für das Wirtschaftsprüfungsexamen relevant sind, werden dabei tendenziell in späteren Semestern vermittelt. Daraus ergibt sich folgender Studienverlauf:

1. Jahr = 1./2. Semester (Mai bis Juli/September bis Oktober):
- Schwerpunkt „Angewandte BWL“ und „Wirtschaftsrecht“
- Erste Lehrveranstaltungen „Wirtschaftliches Prüfungswesen“

2. Jahr = 3./4. Semester (Mai bis Juli/September bis Oktober):
- Schwerpunkt „VWL“ und „Wirtschaftsrecht“
- Vertiefung „Wirtschaftliches Prüfungswesen“
- Erste Lehrveranstaltungen „Steuerrecht“
- Seminararbeit im Bereich „Wirtschaftliches Prüfungswesen“
- Mündliche Prüfung „Angewandte BWL/VWL“

3. Jahr = 5./6. Semester (Mai bis Juli/September bis Oktober):
- Vertiefung „Steuerrecht“ und „Wirtschaftliches Prüfungswesen“
- Masterarbeit im Bereich „Wirtschaftliches Prüfungswesen“
- Mündliche Prüfung „Wirtschaftsrecht“

4. Jahr = 7. Semester (Mai bis Juni):
- Vertiefung „Wirtschaftliches Prüfungswesen“

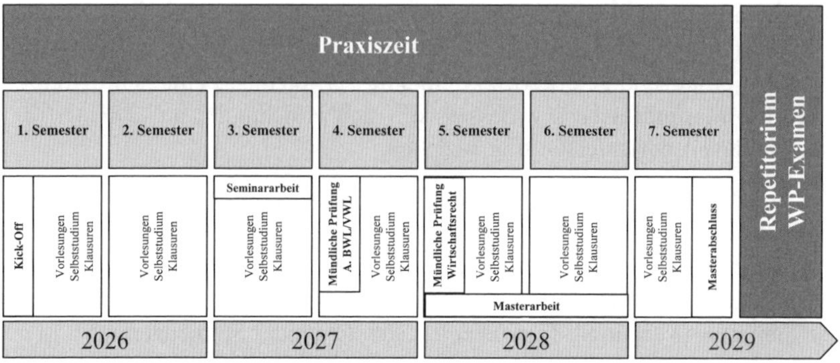

Innerhalb der Semester wechseln sich – an die Bedürfnisse der Studierenden angepasst – Präsenz- und Selbstlernzeiten ab. Die Klausuren werden zudem sukzessive innerhalb des Semesters geschrieben, wodurch eine Klausurwoche zum Ende des Semesters vermieden wird.

Neben den curricular verankerten Inhalten ergeben sich durch die Kooperation zwischen der Ruhr-Universität Bochum und der Universität Münster im Rahmen des Masterstudiengangs „Accounting and Auditing“ für die Studierenden vielfältige zusätzliche interessante Möglichkeiten. Zahlreiche Fachvorträge zu aktuellen Fragestellungen renommierter Wissenschaftler und Praktiker in den beiden wirtschaftswissenschaftlichen Fakultäten stehen den Studierenden des Masterstudiengangs offen und ermöglichen diesen, über die Studieninhalte hinausgehende Fachkompetenzen zu erlangen und zusätzliche Kontakte zu knüpfen.

Vorbereitung auf das Wirtschaftsprüfungsexamen

Das sich an den Masterstudiengang anschließende Repetitorium wird in Zusammenarbeit mit einem privaten Lehrgangsanbieter durchgeführt, der über langjährige qualifizierte Erfahrungen in der WP-Examensvorbereitung verfügt. Die Inhalte sind durch die wissenschaftlichen Studiengangleiter eng mit den Inhalten des Masterstudiengangs abgestimmt, um optimal auf das Berufsexamen vorzubereiten. Dabei gehören beispielsweise die Vermittlung von Klausurtechnik oder das Schreiben von „Fernklausuren“ ebenso zur Examensvorbereitung, wie einzelne Präsenztage und Probeklausuren zeitlich kurz vor dem Wirtschaftsprüfungsexamen. Darüber hinaus werden Protokolle vergangener mündlicher Prüfungen zur Verfügung gestellt.

Dozentinnen und Dozenten

Wesentliche Lehrveranstaltungen werden von den Studiengangleitern Prof. Dr. Peter Kajüter (Lehrstuhl für BWL, insb. Internationale Unternehmensrechnung, Universität Münster) und Prof. Dr. Bernhard Pellens (Lehrstuhl für Internationale Unternehmensrechnung, Ruhr-Universität Bochum) durchgeführt. Darüber hinaus übernehmen weitere renommierte Professorinnen/Professoren der wirtschaftswissenschaftlichen und juristischen Fakultäten der Universitäten Bochum und Münster einzelne Lehrveranstaltungen. Zudem beteiligen sich hochqualifizierte Dozentinnen/Dozenten aus der Berufspraxis aktiv an der Ausbildung in dem Studiengang.

Didaktisches Konzept und Qualitätssicherung

Innerhalb des Masterstudiengangs kommen in den Lehrveranstaltungen unterschiedliche innovative Lehrformen zum Einsatz. Neben Vorlesungen, welche aufgrund der geringen Jahrgangsgrößen sehr interaktiv ausgestaltet sind, werden Übungen, Gruppenarbeiten und -diskussionen, Praxisvorträge, Fallstudien, Fallbesprechungen, Präsentationen, Exkursionen sowie eLearning-Einheiten (z. B. WBT-Programme) kombiniert. Durch den Einsatz dieser verschiedenen Lehr- und Lernformen ist eine abwechslungsreiche Lehre sichergestellt, die den verschiedenen Lerntypen gerecht wird und die Motivation zum Lernen fördert. Die Lehre erfolgt unter Einsatz moderner Präsentationstechniken und wird über eine internetbasierte Lehrplattform unterstützt. Letztere ermöglicht auch zeit- und ortsunabhängige Diskussionsforen zwischen Lehrenden und Studierenden oder individuelle Beratungen der Studierenden. Zudem werden wesentliche Lernmaterialien über die Internetplattform zur Verfügung gestellt.

Neben dem Lernen in Präsenzveranstaltungen erfordert die angestrebte fachliche, methodische und fachübergreifende Kompetenzvermittlung auch ein umfangreiches Selbststudium der Studierenden. Hierfür werden gezielt Literaturangaben bereitgestellt. Zudem sind von den Studierenden zwischen den einzelnen Präsenztagen meist Hausaufgaben oder kleinere Fallstudien zu bearbeiten, welche den in den Lehrveranstaltungen behandelten Stoff einüben und vertiefen. Aus diesem Grund werden die Präsenztage einer einzelnen Lehrveranstaltung regelmäßig nicht an aufeinander folgenden Tagen abgehalten. Vielmehr liegen zwischen den einzelnen Präsenztagen Zeiten zum Selbststudium, um den vermittelten Stoff individuell und insbesondere in Lerngruppen nachzubereiten. Dabei wird die Teamarbeit innerhalb des Masterstudiengangs bereits während der Präsenzveranstaltungen durch den Einsatz von Gruppenübungen gefördert.

Infolge der Anerkennung des Masterstudiengangs nach § 8a WPO und der damit erforderlichen Entsprechung von anerkannten Prüfungen mit den Prüfungen des Wirtschaftsprüfungsexamens in Inhalt, Form und Umfang werden die vermittelten Lehrinhalte überwiegend mittels Klausuren abgeprüft. Zudem ist zusätzlich für die Prüfungsgebiete „Angewandte BWL/VWL“ und „Wirtschaftsrecht“ jeweils eine mündliche Prüfung verpflichtend. Daneben zählen in dem Masterstudiengang „Accounting and Auditing“ auch Präsentationen oder das Verfassen von wissenschaftlichen Arbeiten (Seminar- und Masterarbeit) zu den Prüfungsformen.

Ein besonderer Fokus liegt zudem auf der Qualitätssicherung und der dynamischen Weiterentwicklung des Studiengangs. Über den kontinuierlichen Austausch zwischen Studierenden, Studiengangleitung, Lehrenden und Studiengangorganisation ist eine umfassende Feedback-Kultur etabliert, die weit über die Lehrevaluation hinausgeht. Zudem ist für den Studiengang eine Qualitätssicherungskommission eingerichtet, welche mit Fachvertreterinnen/Fachvertretern aus Wissenschaft und Praxis besetzt ist. Diese Kommissionsmitglieder beraten die Studiengangleitung in allen Fragen zur Weiterentwicklung des Masterstudiengangs und sichern zudem die Qualität der Klausuren, um deren Äquivalenz nach *Inhalt, Form und Umfang* mit dem Wirtschaftsprüfungsexamen sicherzustellen.

Studienorte

Die Präsenzveranstaltungen des Masterstudiengangs finden überwiegend in den Räumlichkeiten der Industrie- und Handelskammer (IHK) in Düsseldorf statt. Darüber hinaus werden einzelne Lehrveranstaltungen an den Universitätsstandorten in Bochum und Münster oder Online via Zoom durchgeführt.

Studiengangorganisation

Der Studiengang bietet ideale Rahmenbedingungen für ein effizientes Lernen. Die fachliche Betreuung der Studierenden obliegt den Studiengangleitern sowie Dozentinnen/Dozenten. Die Organisation wird von Mitarbeiterinnen/Mitarbeitern der ASBM Accounting School Bochum Münster gGmbH übernommen. Sie sorgen für einen reibungslosen Ablauf des Masterstudiengangs mit anschließendem Repetitorium und stehen den Studierenden in allen Fragen der Studien- und Prüfungsorganisation als kompetente Ansprechpartner gerne zu Verfügung.

Kontaktdaten

ASBM Accounting School Bochum Münster gGmbH

Dr. Antje Heinrich	Dr. Andreas Bonse	Ghizal Lali
E-Mail:	E-Mail:	E-Mail:
antje.heinrich@rub.de	andreas.bonse@rub.de	ghizal.lali@rub.de
Tel.: +49 234 32-25319	Tel:. +49 234 32-25318	Tel.: +49 234 32-15294

Detaillierte Informationen zum Masterstudiengang „Accounting and Auditing“ finden sich auch im Internet unter www.accounting-school.de. Zudem finden mehrfach jährlich Online-Informationsveranstaltungen statt. Die aktuellen Termine werden frühzeitig auf den Internetseiten der ASBM sowie über die Social-Media-Auftritte der ASBM bekannt gegeben.

Frankfurt School of Finance & Management und Hochschule Mainz

Master of Science in „Auditing" (§ 8a WPO)

Von Prof. Dr. Karsten Lorenz und StB Prof. Dr. Edgar Löw

Prof. Dr. Karsten Lorenz
Akademischer Leiter
www.hs-mainz.de

StB Prof. Dr. Edgar Löw
Programmdirektor
www.frankfurt-school.de

Ziel des Studiengangs

Der durch die FIBAA nach § 8a WPO akkreditierte und im Jahr 2024 mit dem Premium-Siegel der FIBAA ausgezeichnete Masterstudiengang „Auditing" wird von der Frankfurt School of Finance & Management und der HS Mainz in Kooperation durchgeführt. Der Studiengang wurde im Rahmen der Audit-Xcellence-Initiative von den vier großen Wirtschaftsprüfungsgesellschaften Deloitte, EY, KPMG und PricewaterhouseCoopers (Big Four) initiiert (s. dazu www.audit-excellence.de). Die Partnerschaft zwischen der Frankfurt School und der Hochschule Mainz nutzt das synergetische Potenzial der langjährigen Expertise beider Hochschulen mit berufsintegrierten Studiengängen auf akademischem Niveau. Beide Institutionen verfügen über eine umfangreiche Erfolgs- und Erfahrungsgeschichte in der Vorbereitung von Bachelor- und Master-Studierenden auf die berufliche Praxis.

Der Master of Science in Auditing bereitet die Studierenden wissenschaftlich fundiert auf eine Tätigkeit als Wirtschaftsprüfer vor. Neben forschungsbasierter inhaltlich und fachlich herausragender Lehre stehen berufsintegrierte Studiengänge wie dieser vor drei Herausforderungen:

- akademische Herausforderung: Integration anwendungsbezogener, berufspraktischer Detailkenntnisse mit akademischen Kompetenzen und Fachwissen,
- berufsständische Herausforderung: Vorbereitung und teilweise Substitution berufsständischer Examina,
- logistische Herausforderung: studierbare, in zeitlicher und didaktischer Hinsicht passgenau zugeschnittene Studienmodelle, die durch eine höchst professionelle Organisation unterstützt werden.

Die beiden Hochschulen haben in dieser Multidimensionalität umfassende Kompetenz aufgebaut. Die Frankfurt School bringt die Reputation einer führenden forschungsorientierten Business School im Universitätsrang ein. Ausgerichtet an den Standards internationaler Business Schools bietet die Frankfurt School eine ausgezeichnete Infrastruktur und Logistik sowie höchst professionelle Organisationsabläufe. Die HS Mainz verfügt über die berufsständische Expertise einer renommierten Hochschule. Sie ergänzt die Fakultät der Frankfurt School um umfangreiche personelle Ressourcen mit fundierter Berufspraxis in der Wirtschaftsprüfung und Steuerberatung. Getragen von den weitreichenden Netzwerken in die Praxis und der professionellen Abwicklung bietet das Konsortium einen Studiengang, der die Studierenden zum Master of Science qualifiziert und den Herausforderungen des Wirtschaftsprüferberufs gerecht wird.

Master in „Auditing"

Der Masterstudiengang „Auditing" wurde für einschlägig Berufserfahrene mit erstem Hochschulabschluss entwickelt, die ihre Karrierechancen in der Wirtschaftsprüfung und verwandten Bereichen verbessern wollen. Das berufsbegleitende Studium wird innerhalb von sieben Semestern abgeschlossen.

Das Studium bereitet umfassend auf die Übernahme einer Führungsposition und gezielt auf das Wirtschaftsprüfungsexamen vor. Die AbsolventInnen, die das WP-Examen anstreben, haben nur noch vier anstelle von sieben schriftlichen Prüfungen abzulegen, da ihre während des Studiums in den Gebieten „Betriebswirtschaftslehre, Volkswirtschaftslehre“ und „Wirtschaftsrecht“ erbrachten Leistungen auf das Examen angerechnet werden. Das Studium schließt mit dem international anerkannten Grad Master of Science in „Auditing“ ab. Die AbsolventInnen erfüllen damit unter anderem die formalen Voraussetzungen für die Zulassung zum höheren Dienst und zu einem Promotionsstudium.

Der Studiengang ist auf Basis aktueller wissenschaftlicher Erkenntnisse und Methoden anwendungsorientiert auf die Lösung praxisbezogener, interdisziplinärer Problemstellungen ausgerichtet. Die Studierenden haben aus dem Berufsrecht abgeleitete Anforderungen bezüglich einer gewissenhaften und eigenverantwortlichen Berufsausübung zu erfüllen. Hierfür entwickeln sie die erforderlichen Kommunikations-, Analyse-, Urteils- und Entscheidungsfähigkeiten, außerdem die Fähigkeiten zur Planung, Steuerung, Umsetzung, Organisation und Delegation. Den Studierenden wird vermittelt, wie sie in Prozesse korrigierend eingreifen, neue Vorgehensweisen entwickeln und dies angemessen kommunizieren können. Für angehende WirtschaftsprüferInnen ist eine kritische Grundhaltung unverzichtbar und ebenso zu schulen.

Die Studieninhalte ergeben sich aus dem fachspezifisch konkretisierten Referenzrahmen, wobei die examensrelevanten Teile des Studiums (in den Prüfungsgebieten „Wirtschaftliches Prüfungswesen“ und „Steuerrecht“) schwerpunktmäßig in zeitlicher Nähe zum Wirtschaftsprüfungsexamen absolviert werden.

Hierbei wird eine sich aus den fachdidaktischen Notwendigkeiten ergebende Abfolge eingehalten. Im ersten Semester werden die im Erststudium erworbenen und in der Zugangsprüfung nachgewiesenen Kenntnisse vertieft und die Grundlagen für die kommenden Semester geschaffen. Das zweite Semester dient insbesondere der Auffrischung der mathematischen Grundlagen zur Bearbeitung verschiedener quantitativer Fallstudien. In den folgenden Semestern vertiefen die Studierenden ihre Englischkenntnisse durch englischsprachige Vorlesungsanteile und Fallstudien. Im Seminar „Prüfungswesen“ entwickeln sie ihre Kompetenzen zum wissenschaftlichen Arbeiten und zur Präsentation ihrer Arbeitsergebnisse weiter. Bei der Erstellung der Masterthesis wenden die Studierenden die im Rahmen ihres Studiums erworbenen Fähigkeiten und Kenntnisse umfassend auf eine Problemstellung aus dem Gebiet der Wirtschaftsprüfung an. Zudem erfolgt im Rahmen eines in das Studium integrierten Examinatoriums sowie eines im Anschluss an das Studium stattfindenden Repetitoriums eine gezielte Vorbereitung auf das WP-Examen, zu dem die AbsolventInnen unmittelbar nach Abschluss des Studiums antreten. Die Teilnahme an einem Klausurenkurs ist in das Programm integriert.

Das Studium ist dank moderner Lehrformen und einer besonderen zeitlichen Gestaltung, insbesondere durch das mit der Arbeitgeberseite abgestimmte Blockmodell, mit einer Teilzeittätigkeit in der Wirtschaftsprüfung vereinbar. Über das Gesamtjahr ist eine Freistellung von der beruflichen Tätigkeit von mindestens 40 Prozent zu empfehlen. Die Veranstaltungen und Prüfungen finden regelmäßig außerhalb der Prüfungssaison von Mai – Oktober statt. Sie werden in den Räumlichkeiten der Frankfurt School im Zentrum von Frankfurt durchgeführt. Die Verzahnung mit dem Beruf bietet den Studierenden die Möglichkeit, Gelerntes unmittelbar nutzbringend in der Praxis anzuwenden.

Ermöglicht wurde die anspruchsvolle Akkreditierung des Studienganges „Auditing" nach § 8a WPO durch die gute Zusammenarbeit eines eingespielten Teams von Hochschullehrern. Im Master in Auditing werden neben ausgewählten, langjährig praxis- und lehrerfahrenen Professorinnen und Professoren der HS Mainz und der Frankfurt School auch herausragende Dozenten von Partnerhochschulen aus dem In- und Ausland sowie namhafte Praxisvertreter und Repetitoren eingebunden. Ihr beruflicher Hintergrund gewährleistet einen hohen Anwendungsbezug ebenso wie wissenschaftliche Fundierung. Alle Lehrenden bringen umfassende Erfahrungen aus der beruflichen Weiterbildung oder als Repetitor ein – eine entscheidende Voraussetzung für die hohen Bestehensquoten im WP-Examen.

Bewerbung

Die Zulassung zum Master of Science in „Auditing" an der Frankfurt School und HS Mainz setzt eine einschlägige Berufserfahrung von mindestens sechs Monaten nach Abschluss des Erststudiums voraus.

Das Programm startet jeweils zum Sommersemester, Vorlesungsbeginn ist Anfang Mai. Einzelheiten, unter anderem zum Studienaufbau und Vorlesungsplan, den Zulassungsvoraussetzungen und dem Bewerbungsverfahren sowie den Studiengebühren sind der Seite www.master-auditing.de zu entnehmen.

Europäische Fernhochschule Hamburg (Euro-FH)

Bisher einziger nach § 8a WPO anerkannter Fernstudiengang bundesweit

Exzellente Ausbildung für angehende Wirtschaftsprüfer/innen an der Europäischen Fernhochschule Hamburg (Euro-FH)

Von Prof. Dr. Thomas Tegen und WP/StB Prof. Dr. Martin Zieger, Studiengangsdekane des Studiengangs „Taxation, Accounting, Finance“ (M. Acc.)

1. Studieren an Deutschlands bekanntester privater Fernhochschule

Die Europäische Fernhochschule Hamburg (Euro-FH) ist eine private, staatlich anerkannte und vom Wissenschaftsrat akkreditierte Hochschule, deren Trägerin die Europäische Fernhochschule Hamburg GmbH, ein Unternehmen der Klett-Gruppe, ist.

Die Euro-FH ist durch ein Höchstmaß an organisatorischer Flexibilität konsequent auf die Anforderungen berufstätiger Studierender eingestellt. Diese Flexibilität zeigt sich u.a. an folgenden Merkmalen:

- Studienstart jederzeit möglich.
- Freie Einteilung der Studienzeit – so wie es die Berufstätigkeit ermöglicht.
- Lernen unabhängig von Ort und Zeit – das Studium einfach mitnehmen.
- Individuelle Planung von Prüfungen und Terminen – die Euro-FH bietet regelmäßige Termine an verschiedenen Standorten an.
- Das Studium kann kostenlos unterbrochen oder verlängert werden, wenn z. B. vorübergehend berufliche Projekte anstehen.

Mit über 9.000 Studierenden gehört die Euro-FH heute schon zu den größten privaten Fernhochschulen. Eine repräsentative forsa-Studie zur Bekanntheit von Fernstudienanbietern bei 300 Personalentscheidern in Unternehmen mit mehr als 150 Mitarbeitern hat ergeben, dass die Euro-FH Deutschlands bekannteste private Fernhochschule ist.

2. Der Masterstudiengang „Taxation, Accounting, Finance" – Besonderheiten auf einen Blick

2.1 Bisher einziger nach § 8a WPO anerkannter Fernstudiengang bundesweit

Der Masterstudiengang „Taxation, Accounting, Finance" (M. Acc.) ist durch die FIBAA-Akkreditierungskommission als für die Ausbildung von Wirtschaftsprüferinnen und Wirtschaftsprüfern besonders geeignet anerkannt worden (Anerkennung nach § 8a WPO). Das bedeutet, die Klausuren in den Fächern „Wirtschaftsrecht" und „Angewandte BWL/VWL" werden auf das Wirtschaftsprüfungsexamen angerechnet, sodass mit erfolgreichem Masterabschluss im Wirtschaftsprüfungsexamen nur noch vier von sieben Klausuren, nämlich die Klausuren in „Steuerrecht" und „Prüfungswesen", zu schreiben sind.

Die Euro-FH ist bisher bundesweit die einzige Hochschule, die einen Studiengang nach § 8a WPO im berufsbegleitenden Fernstudium anbietet. Die Studierenden können jederzeit mit dem Studium beginnen und ihr Studium zeitlich so einteilen, wie es ihre Berufstätigkeit ermöglicht. Gerade für Prüfungsassistenten in kleinen und mittleren Kanzleien bietet dieser Fernstudiengang einen deutlichen Vorteil: Die Studierenden führen ihre Berufstätigkeit uneingeschränkt fort und studieren dennoch flexibel an der Euro-FH.

2.2 International renommierter Master of Accountancy

Der Masterstudiengang „Taxation, Accounting, Finance" ist ferner bundesweit das erste Masterprogramm, das zu dem renommierten Master of Accountancy (M. Acc.) führt. Der Master of Accountancy ist ein international anerkannter Nachweis hochqualifizierten Fachwissens im Rechnungswesen und zertifiziert gefragte Kompetenzen in den Bereichen „Wirtschaftsprüfung" und „Steuerberatung".

2.3 Praxisrelevante und topaktuelle Studieninhalte

Die Euro-FH hat das Masterprogramm in enger Zusammenarbeit mit AKS (Abels Kallwass Stitz – Deutsche Akademie für Steuern, Recht und Wirtschaft) entwickelt. Die Studienmaterialien von AKS werden im Studiengang optimal mit den Euro-FH-Studieninhalten verknüpft und in Form einer Loseblattsammlung fortlaufend aktualisiert.

3. Der Studiengang

3.1 Konzeption mit Ausrichtung auf das Wirtschaftsprüfungsexamen

Der Studiengang vermittelt den Studierenden die Kenntnisse und Fähigkeiten, die dem Berufsbild des Wirtschaftsprüfers vor dem Hintergrund der steuerrechtlichen Systematik entsprechen. Dabei wird insbesondere auf die Vermittlung der funktionsbezogenen Kompetenzen des Studiengangs und einer praxisnahen Ausbildung Wert gelegt. Ziel ist die Teilnahme der Studierenden am Wirtschaftsprüfungsexamen und die Anrechnung der Fächer „Angewandte BWL, VWL“ und „Wirtschaftsrecht“. Hierzu erlangen die Studierenden das Fachwissen, das für eine spätere Tätigkeit als Wirtschaftsprüfer erforderlich ist.

Der Studienverlauf ist so konzipiert, dass bereits nach dem 5. Quartal bzw. Tertial die Module zum Steuerrecht abgeschlossen sind, so dass noch vor Beendigung des kompletten Studiums das Fach Steuern im modularisierten WP-Examen geschrieben werden kann.

Die folgende Abbildung zeigt die Gliederung und die Inhalte des Studiengangs:

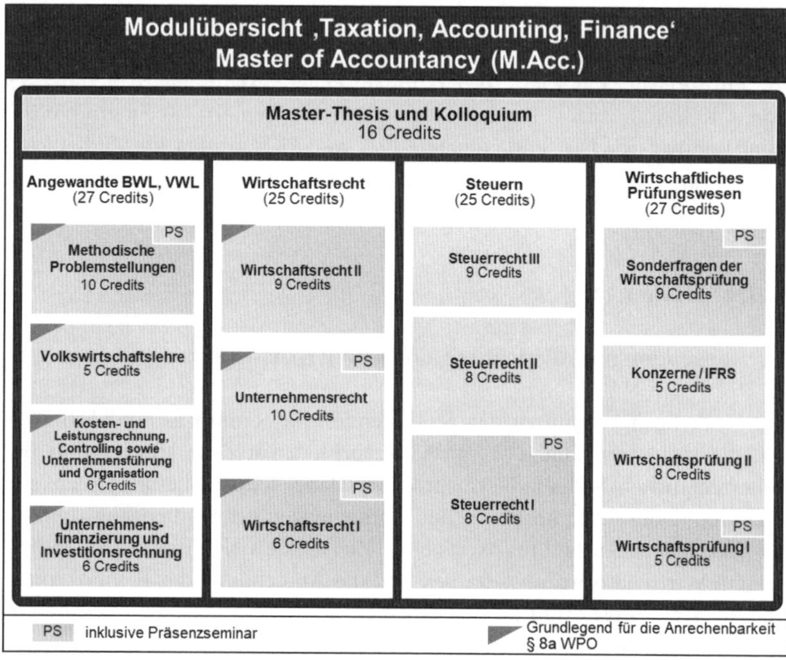

3.2 Zulassungsvoraussetzungen

Studienbewerber müssen – wie bei allen vergleichbaren Studiengängen – die nachstehenden Voraussetzungen für die Zulassung zum Masterstudiengang „Taxation, Accounting, Finance" erfüllen:

- Ein abgeschlossenes, grundständiges Studium einer staatlichen oder staatlich anerkannten Hochschule der Fachrichtung BWL, VWL oder Rechtswissenschaften (Jura oder Wirtschaftsrecht) mit mindestens 180 Credit Points,
- einen Nachweis über die Ableistung von drei Monaten Tätigkeit gemäß § 9 Abs. 1 Wirtschaftsprüferordnung und drei Monaten Prüfungstätigkeit gemäß § 9 Abs. 2 der Wirtschaftsprüferordnung (Praxiszeit) nach Erwerb des ersten berufsqualifizierenden Abschlusses, aber vor Beginn des Masterstudiengangs,
- das Bestehen einer Zugangsprüfung,

- ausreichende Englischkenntnisse auf dem Niveau B2 gemäß dem Europäischen Referenzrahmen für Sprachen.

Die Zugangsklausuren werden vierteljährlich in Hamburg angeboten. Die Termine sind der Homepage (www.Euro-FH.de) zu entnehmen.

Zur Vorbereitung auf die Zugangsprüfung bietet die Euro-FH ein freiwilliges eintägiges Vorbereitungsseminar an.

4. Weitere Informationen

Informationen zur Euro-FH und zu dem Studiengang „Taxation, Accounting, Finance“ (M. Acc.) sind erhältlich unter: www.Euro-FH.de

Kontakt

Euro-FH - Europäische Fernhochschule Hamburg, Doberaner Weg 20,
22143 Hamburg

Studienberatung: +49 800 3344377 (gebührenfrei), montags bis freitags von 8–20 Uhr, oder studienberatung@euro-fh.de

Studiengang „Master in Auditing“ an der Leuphana Universität Lüneburg

Studiengangsleitung:

StB Prof. Dr. Dörte Mody, Studiengangsleiterin „Master in Auditing“, Institut Auditing & Tax, Leuphana Universität Lüneburg

Was ist das Erfolgsgeheimnis des Master in Auditing?

Unser Studiengang richtet sich gezielt an angehende Wirtschaftsprüfer*innen und wurde exakt auf die Anforderungen des Berufsbilds zugeschnitten. Die Teilnehmenden erhalten fundierte Kenntnisse in den Bereichen Wirtschaftsprüfung, Steuerrecht, Wirtschaftsrecht sowie in BWL/VWL – und können

Interview mit Prof. Dr. Mody, Studiengangsleiterin Master in Auditing

dieses Wissen unmittelbar in ihren Arbeitsalltag einbringen. Besonders geschätzt werden die intensiven Lernbedingungen: Kleine Studiengruppen mit maximal 40 Personen, ein inspirierendes Campusumfeld und ein engagiertes, praxisnahes Dozierendenteam. Unsere Lehrenden vereinen akademische Tiefe mit langjähriger Berufserfahrung – einige von ihnen sind sogar in den Prüfungskommissionen für das WP-Examen aktiv. Ein weiterer Pluspunkt ist die Anrechnung von Prüfungsleistungen gemäß § 8a WPO: Damit reduziert sich die Zahl der zu absolvierenden Examensprüfungen von sieben auf vier – eine enorme Erleichterung und ein echter Boost für die Erfolgschancen.

Mit der Reform des Wirtschaftsprüferexamens wurde neben der Anerkennung nach § 8 a Wirtschaftsprüferordnung (WPO) auch die Möglichkeit einer modularisierten Prüfung eingeführt – wie beeinflusst dies das Studienkonzept?

Die Bestehensquote für alle sieben Teile des WP-Examens im ersten Anlauf liegt unter 50 Prozent – das zeigt, wie anspruchsvoll der Weg in den Beruf bislang war. Die Reform mit modularisierter Prüfung und Anrechnungsmöglichkeiten macht den Zugang attraktiver, ohne Abstriche bei der Qualität.

Die Aufteilung in einzelne Module erlaubt es den Kandidat*innen, sich gezielt und konzentriert auf jeden Prüfungsteil vorzubereiten. Allerdings führt diese kurzfristige, intensive Vorbereitung – das sogenannte „Bulimie-Lernen“ – selten zu langfristigem Wissenserhalt.

Unser Studienmodell setzt genau hier an: Es vermittelt das relevante Wissen über einen längeren Zeitraum, verknüpft Theorie mit Praxis und schafft so nachhaltige Lernerfolge.

Die anrechenbaren Inhalte – wie BWL/VWL und Wirtschaftsrecht – absolvieren die Studierenden in den ersten drei Semestern. Parallel werden Kenntnisse im Prüfungswesen und Steuerrecht aufgebaut und durch praktische Erfahrungen in der „Busy Season“ vertieft. Das zahlt sich aus: Unsere Absolvent*innen erreichen mit einer Bestehensquote von rund 80 Prozent ein überdurchschnittlich hohes Erfolgsniveau.

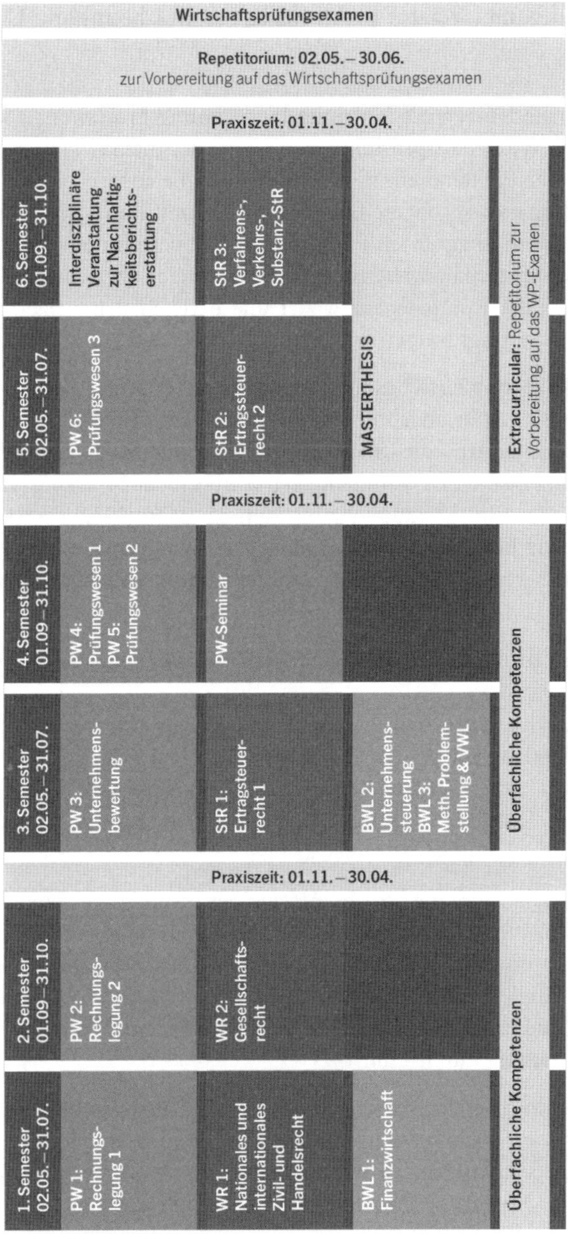

Master in Auditing: Studienverlaufplan inkl. Repetitorium zur Vorbereitung auf das WP-Examen

1. Studiengang „Master in Auditing“ an der Leuphana Universität Lüneburg

Die Leuphana Universität Lüneburg bietet Young Professionals aus dem Berufsfeld der Wirtschaftsprüfung seit 2012 die Möglichkeit, innerhalb von drei Jahren berufsbegleitend ein in besonderem Maße anspruchsvolles Masterstudium Auditing zu absolvieren. In dem in Vollzeitform angebotenen Masterstudiengang mit integrierten Praxisphasen und verzahntem Repetitorium bilden Sie sich wirtschaftswissenschaftlich im Bereich wirtschaftsprüfender und steuerberatender Kompetenzen weiter und bereiten sich zielgerichtet auf das Wirtschaftsprüfungsexamen vor.

Der seit 2012 etablierte Studiengang wird im Rahmen der AuditXcellence Ausbildungsinitiative angeboten und steht als berufsbegleitender Studiengang allen Mitarbeitenden von Unternehmen offen, die Mitglied der Wirtschaftsprüferkammer sind. Der Studiengang wurde in 2024 erneut reakkreditiert (ohne Monita) und ist nunmehr bis zum 31. März 2032 akkreditiert. Diese Auszeichnung bestätigt die hohe Qualität unserer Lehre und die kontinuierliche Verbesserung dieses besonderen Studienprogramms nach § 8 a WPO.

2. Aufbau und Inhalte des Masterstudiums nach § 8a WPO

Das dreijährige, berufsbegleitende Studienprogramm verläuft phasenweise und eng verzahnt im Wechsel zwischen Theorie und Praxis. Dieses Zeitmodell ermöglicht die Berufsausübung in der Busy Season, in der gleichzeitig die erworbenen Kenntnisse praktisch angewendet und vertieft werden können sowie die Erlangung des Masterabschlusses nach 6 Semestern.

Der Studienplan umfasst 16 Module aus den Prüfungsgebieten Prüfungswesen, Steuern, Wirtschaftsrecht und Betriebs- und Volkswirtschaftslehre sowie ein Seminar und die Masterarbeit. Aktuelle Entwicklungen auf dem Gebiet der Nachhaltigkeitsberichterstattung sind in den Modulen integriert und zum Ende des Studiums wird eine interdisziplinäre Fallstudie zur Nachhaltigkeitsberichtserstattung durchgeführt.

Das Curriculum bereitet optimal auf das Wirtschaftsprüfungsexamen vor, orientiert sich am Referenzrahmen der WP-Kammer und fördert gleichzeitig überfachliche Kompetenzen wie Kommunikations- und Managementfähigkeiten. Der Master in Auditing kombiniert Präsenzlehre mit modernen

E-Learning- und Online-Formaten, wodurch eine flexible und praxisnahe Weiterbildung ermöglicht wird.

Zur Optimierung der Vorbereitung auf das Wirtschaftsprüfungsexamen hat das Curriculum den fachlichen Schwerpunkt Wirtschaftsrecht und BWL/ VWL in den ersten 3 Semestern, danach erfolgt die Konzentration auf die Module des Steuerrechts und des Prüfungswesens. Im Rahmen der Masterarbeit werden zwischen dem 5. und 6. Semester Themenstellungen aus dem Gebiet des Prüfungswesens bearbeitet. Innerhalb von drei Monaten werden aktuelle Themen wissenschaftlich fundiert bearbeitet.

Bei der Auswahl der Dozierenden wurde auf ein ausgewiesenes Profil der Lehrenden aus den Bereichen Prüfungswesen, Steuerrecht, Wirtschaftsrecht und Betriebs-/Volkswirtschaftslehre geachtet. Lehrende verfügen unter anderem über die WP- und Stb-Qualifikation und langjährige Lehrerfahrung an Hochschulen oder auch z. B. in Repetitorien. Darunter sind zudem Herausgeber examensrelevanter Literatur sowie Mitglieder aus der Prüfungskommission zum Wirtschaftsprüfer. Abgerundet wird die Auswahl durch renommierte Praktiker als Lehrbeauftragte, denen es gelingt schnelllebige und aktuelle Themen der Branche in die Lehrveranstaltung einzubringen.

Mit erfolgreichem Abschluss des Studiums erlangen die Absolventen:innen nicht nur den akademischen Titel eines Masters, sondern auch eine bestmögliche Qualifikation und gezielte Vorbereitung auf das staatliche Wirtschaftsprüfungsexamen.

3. Highlights

- **Hohe Erfolgsquote**:

  Das seit 2012 etablierte Masterstudium zeichnet sich durch kontinuierlich hohe Erfolgsquoten der Absolventen:innen (rd. 85 %) im WP-Examen aus.

- **Verkürztes WP-Examen**:

  Die im Studium abgelegten Prüfungsleistungen in den Bereichen Wirtschaftsrecht sowie BWL/VWL werden auf Antrag gemäß § 8a WPO auf das Wirtschaftsprüfungsexamen angerechnet.

- **Repetitorium**:

  Bestandteil des Masters ist ein mit dem Studienprogramm verzahntes Repetitorium im Anschluss an das 6. Semester, welches die gezielte Vorbereitung auf das Wirtschaftsprüfungsexamen abrundet.

- **Qualitätssichernder Beirat**:

  Ein Beirat – bestehend aus Persönlichkeiten der Wirtschaft und Forschung – dient dabei als zentrales Element kooperativer Qualitätssicherung. Der Beirat ist besetzt aus Vertretern und Vertreterinnen der Kooperationspartner, mittelständischen Wirtschaftsprüfungsgesellschaften, fachlich und operativ Verantwortlichen des Masters in Auditing sowie Angehörigen des Lehrkörpers der Universität.

4. Zulassungsvoraussetzungen und Bewerbung

Zulassungsvoraussetzungen sind ein erster berufsqualifizierender Hochschulabschluss sowie ein halbes Jahr Berufserfahrung in der Wirtschaftsprüfung, davon drei Monate Prüfungstätigkeit nach erstem Hochschulabschluss und bis zum Studienstart.

Zudem muss die rechtlich vorgeschriebene Zugangsprüfung nach § 8 a WPO vor Studienantritt erfolgreich absolviert werden. Die Leuphana Zugangsprüfung wird Anfang Januar jeden Jahres angeboten. Zur Vorbereitung auf die Zugangsprüfung sind Musterklausuren und Literaturhinweise auf der Homepage des Studiengangs veröffentlicht.

Die Studienbewerbungen erfolgt online und ist jährlich in der Zeit vom 1.–30. November möglich. Nach der Bewerbung erfolgt die Zulassung zu den Zugangsklausuren im Januar. Der Nachweis zu den Praxis- und Prüfungszeiten kann bis Studienantritt nachgereicht werden.

5. Studiengebühren

Das berufsbegleitende Masterstudium ist gebührenpflichtig. Die Kosten von rd. 5.800 € pro Semester beinhalten sowohl die Semesterbeiträge als auch die Kosten des Repetitoriums zur Vorbereitung auf das Wirtschaftsprüfungsexamen im Anschluss an das Studium.

6. Auf einen Blick

▪ **Abschluss**	Master of Arts (M. A.)
▪ **Credit Points**	120
▪ **Umfang**	6 Semester
▪ **Sprache**	Deutsch
▪ **Start**	Mai
▪ **Bewerbungsfrist**	30. November
▪ **Gebühren**	35.000 Euro insgesamt inkl. des anschließenden Repetitoriums zur Vorbereitung auf das Wirtschaftsprüfungsexamen sowie der Semesterbeiträge
▪ **Zulassungsvoraussetzungen**	– erster berufsqualifizierender Hochschulabschluss – mindestens sechs Monate Berufserfahrung in der Wirtschaftsprüfung, davon drei Monate Prüfungstätigkeit – erfolgreich absolvierte Leuphana Zugangsprüfung
▪ **Studiengangsleitung**	Prof. Dr. Dörte Mody
▪ **Besonderheiten**	Anrechnungsmöglichkeit von drei Prüfungsleistungen nach § 8a WPO im staatlichen WP-Examen, Repetitorium zur Vorbereitung auf das Wirtschaftsprüfungsexamen. Praxis und Studium wechseln in halbjährlichem Rhythmus.

Weiterführende Informationen

Alle Informationen zum Studiengang finden Sie unter:
http://www.leuphana.de/master-auditing

Informationsmaterial bestellen:
http://www.leuphana.de/ps-infomaterial

Persönlich beraten lassen: Dipl. Kffr. Heike Hagemann,
Studiengangskoordinatorin
teamaud@leuphana.de, Fon: 04131-677 1954

Universität Mannheim/ Mannheim Business School

„Mannheim Master of Accounting & Taxation“ (§ 8a WPO)

L5, 6, 68131 Mannheim

Premiumausbildung für angehende Wirtschaftsprüfer und Steuerberater: Der „Mannheim Master of Accounting & Taxation“ der Universität Mannheim/Mannheim Business School

Von Prof. Dr. Jens Wüstemann, Lehrstuhl für ABWL und Wirtschaftsprüfung, Universität Mannheim, Akademischer Direktor des „Mannheim Master of Accounting & Taxation“

Bereits 2008 wurde in Mannheim ein berufsbegleitender Masterstudiengang mit Spezialisierungen in den Bereichen „Wirtschaftsprüfung“ und „Steuern“ eingeführt. Er war eine wichtige Antwort auf die dem Berufsstand im Rahmen der Bologna-Reform erwachsenen Herausforderungen in der Mitarbeiterqualifikation.

Inzwischen haben rund 990 Studierende das Programm durchlaufen – und die Bestehensquoten in den Berufsexamina belegen eindrucksvoll den Erfolg des Mannheimer Modells.

Qualität garantiert

Der „Mannheim Master of Accounting & Taxation“, der mit Spezialisierungen (Tracks) in den Bereichen „Wirtschaftsprüfung“ („Accounting“) oder „Steuern“ („Taxation“) belegt werden kann, steht für ein praxisorientiertes Masterstudium auf höchstem akademischen Niveau und ist stringent darauf ausgerichtet, Nachwuchsführungskräfte auf eine erfolgreiche und verantwortliche Tätigkeit als Wirtschaftsprüfer oder Steuerberater vorzubereiten. Die engen

Beziehungen zur Unternehmenspraxis, die Mannheim seit Jahren pflegt, sind ein maßgeblicher Erfolgsfaktor des Studiengangs. Sie garantieren die Praxisrelevanz der Lehrinhalte, ermöglichen es den Unternehmen aber auch frühzeitig, auf sich verändernde Anforderungen der Mitarbeiterqualifikation einzugehen. So kontrolliert etwa eine Kommission, bestehend aus hochrangigen Vertretern des Berufsstandes sowie Fachvertretern der Universität Mannheim, kontinuierlich Qualität und Praxisbezug der Ausbildung.

Verkürztes Wirtschaftsprüferexamen

Der Accounting Track des „Mannheim Master of Accounting & Taxation" ist die konsequente praktische Umsetzung der mit der fünften WPO-Novelle formulierten Ausbildungsreform. Er war 2008 einer der ersten § 8a-Studiengänge überhaupt und das einzige universitäre Programm, das seinen Absolventinnen und Absolventen den Weg in das verkürzte Berufsexamen im unmittelbaren Anschluss an das Studium ermöglichte.

Examensvorbereitung mit System

Der Studiengang unterstützt seine Teilnehmerinnen und Teilnehmer zudem systematisch und erfolgreich bei der Vorbereitung auf das Berufsexamen. Die Curricula beider Tracks sind nicht nur inhaltlich, sondern auch didaktisch auf dieses Ziel ausgerichtet. So lehren etwa im Prüfungsbereich „Steuerrecht" überwiegend Angehörige der Finanzverwaltung und der Finanzgerichtsbarkeit. Mit Blick auf das Berufsexamen sind im Accounting Track darüber hinaus Repetitorien und Klausurenvorbereitungskurse integriert, die den Studierenden ergänzend zu den fachlichen Inhalten auch die für das Examen notwendige Klausurtechnik vermitteln.

Unmittelbare Anwendbarkeit

Im „Mannheim Master of Accounting & Taxation" werden Grundlagen und Anforderungen der modernen, international ausgerichteten Wirtschaftsprüfung und Steuerberatung gelehrt. Theorie und Praxis werden gleichermaßen berücksichtigt und das berufsbegleitende Teilzeitmodell ermöglicht es den Teilnehmerinnen und Teilnehmern, ihr gewonnenes Wissen direkt im Berufsalltag anzuwenden. Auch die Masterarbeit ist anwendungsbezogen und wird sowohl durch den Lehrkörper als auch durch wenigstens einen Mentor aus der Praxis betreut.

Förderung von Schlüsselqualifikationen

Als Premiumausbildung für den Führungsnachwuchs in Wirtschaftsprüfung und Steuerberatung vermittelt das Programm seinen Studierenden nicht nur die notwendigen Fachkenntnisse, sondern auch für Führungspositionen unverzichtbare Schlüsselqualifikationen. Zudem ist Gruppenarbeit wesentlicher Bestandteil des Studienprogramms. Ein auf den Studiengang zugeschnittenes Coaching-Programm fördert zusätzlich die Persönlichkeitsentwicklung.

Extracurriculare Veranstaltungen und Netzwerk

Ein weiteres wichtiges Element des Studiengangs sind extracurriculare Veranstaltungen, die aktuelle Themenstellungen aufgreifen und regelmäßig namhafte Vertreter aus Wissenschaft und Wirtschaft zusammenbringen. Die Veranstaltungen bieten Gelegenheit, Kontakte mit Studierenden und Absolventen anderer Programme der Mannheim Business School sowie Vertretern von Partnerunternehmen und -einrichtungen zu knüpfen. So legen die Teilnehmerinnen und Teilnehmer den Grundstein für ein persönliches Netzwerk, auf das sie ein Leben lang zurückgreifen können.

Zeitmodell und Zugangsvoraussetzungen

Für eine optimale Studierbarkeit finden die Lehrveranstaltungen in beiden Tracks blockweise im Frühjahr bzw. -sommer und Herbst statt. In der arbeitsreichen Zeit um den Jahreswechsel sind keine Veranstaltungen vorgesehen. So bleiben die Mitarbeiter in ihre Teams integriert und können das Gelernte unmittelbar in der Praxis anwenden. Das Studium, das sich über einen Zeitraum von drei Jahren erstreckt, umfasst 120 ECTS und schließt mit dem akademischen Grad des Master of Science der Universität Mannheim ab. Die Bewerbungsfristen sind auf der Webseite zu finden.

Voraussetzungen für die Teilnahme am Studiengang sind ein erster berufsqualifizierender Hochschulabschluss (z. B. Bachelor, Diplom oder juristisches Staatsexamen), das Bestehen der Zugangsprüfung (2 Klausuren) sowie beim Accounting-Track der Nachweis einer mindestens sechsmonatigen postgradualen Berufserfahrung gemäß § 9 WPO. Zudem sind ausreichende Englischkenntnisse (TOEFL/äquivalente Prüfung) nachzuweisen.

Die Studiengebühren betragen für den Taxation-Track 27.500 € und schließen sämtliche Unterrichtsleistungen ein. Für den Accounting-Track belaufen sich die Studiengebühren auf 35.000 € inklusive Repetitorien und Klausurenkurse.

Die Fakultät für Betriebswirtschaftslehre der Universität Mannheim und die Mannheim Business School

Die akademische wirtschaftswissenschaftliche Ausbildung hat in Mannheim eine lange Tradition: Bereits 1907 wurde hier eine der ersten Hochschulen für Handel in Deutschland gegründet. Heute ist die Fakultät für Betriebswirtschaftslehre der Universität Mannheim gemeinsam mit der Mannheim Business School, ihrem organisatorischen Dach für Managementweiterbildung, eine der führenden wirtschaftswissenschaftlichen Bildungsinstitutionen in Europa. Mit Bachelor- und Masterstudiengängen, MBA- und PhD-Programmen sowie kompakten Managementseminaren für Einzelpersonen oder Unternehmen ist Mannheim ein Komplettanbieter in der Aus- und Weiterbildung von Führungskräften.

Die Bereiche „Wirtschaftsprüfung“ und „Steuerlehre“ – zusammengefasst in der sieben Lehrstühle starken Area „Accounting & Taxation“ – gehören seit Jahrzehnten zu den Kernkompetenzen der Fakultät. Der herausragende Lehrkörper zeichnet sich nicht nur durch sein wissenschaftliches Renommee aus, sondern auch durch sein einzigartiges Lehr- und Studienkonzept, das Wissenschaft und Praxis beispielhaft vereint.

Seit Jahren gilt Mannheim laut zahlreicher nationaler und internationaler Rankings (z. B. Financial Times, The Economist, Bloomberg Businessweek) als führende Managerschmiede in Deutschland. Als erste deutsche Institution trägt Mannheim die Gütesiegel der drei bedeutendsten internationalen Vereinigungen wirtschaftswissenschaftlicher Bildungseinrichtungen (AACSB International, AMBA und EQUIS).

Detaillierte Informationen zum
„Mannheim Master of Accounting & Taxation“
finden sich auch im Internet unter
www.mannheim-accounting-taxation.com.

Fachhochschule Münster und Hochschule Osnabrück

Masterstudiengang „Auditing, Finance and Taxation" (MAFT) (§ 8a WPO)

Caprivistr. 30 a, 49076 Osnabrück – Corrensstr. 25, 48149 Münster

Masterstudiengang „Auditing, Finance and Taxation" (MAFT) – Kooperativer Studiengang der Fachhochschule Münster und der Hochschule Osnabrück gemäß § 8a WPO

Von Dipl.-Betriebswirtin (FH) Heike Thiele, Studiengangkoordinatorin

1. MAFT – von Anfang an mit dabei!

Der berufsbegleitende Masterstudiengang Auditing, Finance and Taxation ist ein gemeinsames Studienangebot der FH Münster und der Hochschule Osnabrück, zwei großen und forschungsstarken (Fach-) Hochschulen in Niedersachsen und Nordrhein-Westfalen. Gemeinsam bieten sie seit dem Wintersemester 2006/07 den akkreditierten und als „zur Ausbildung von Wirtschaftsprüfern[1] besonders geeigneten Studiengang" im Sinne des § 8a WPO anerkannten Masterstudiengangs „Auditing, Finance and Taxation" (MAFT) an.

Über fünfzehn Jahre MAFT-Erfahrung einschließlich der Erkenntnisse aus zwei erfolgreichen Re-Akkreditierungen[2] des Studiengangs fließen in die Ausgestaltung des Programms ein, mit dem Ziel, Studierende und alle künftigen MAFT-Interessierte erfolgreich durch das Studium und das sich anschließende Wirtschaftsprüferexamen zu führen. Es unterstützt ein Beirat, mit Vertre-

---

1 Im nachfolgenden Text wird aus Gründen der besseren Lesbarkeit nur die maskuline Form für personenbezogene Substantive verwendet. Männer und Frauen sind in allen Fällen gleichermaßen angesprochen.

2 Letzte Akkreditierung erfolgte am 23.03.2018.

tern aus der Wirtschaft, Alumni und Studierenden, welcher die Qualität der Lehre und Prüfungen kontrolliert und die Praxisperspektive in die Lerninhalte einbringt.

2. Die inhaltliche Ausgestaltung des Studiengangs

Die Regelstudienzeit des Masterstudiengangs „Auditing, Finance and Taxation" beträgt **fünf Semester**, in welchen 120 Credits (Leistungspunkte) erworben werden.

Die einzelnen Module lassen sich entsprechend der Untergliederung in § 4 der Wirtschaftsprüferprüfungsverordung (WiPrPrüV) zu den Schwerpunkten **Wirtschaftliches Prüfungswesen, Steuerrecht**, **BWL/VWL** und **Wirtschaftsrecht** zusammenfassen.

Die **zeitliche Verteilung** der einzelnen Module auf die Semester ist im nachfolgenden **Studienverlaufsplan** dargestellt und berücksichtigt insbesondere folgende Aspekte:

- Die für das fünfte Semester vorgesehene Masterarbeit ist zwingend in dem Bereich „Wirtschaftliches Prüfungswesen, Unternehmensbewertung und Berufsrecht" zu schreiben und innerhalb eines Zeitraums von drei Monaten anzufertigen. Die Themenstellung kann sowohl theoretischer Natur sein als auch praxisnahe Fragestellungen der Wirtschaftsprüfung aufgreifen. Den Abschluss der Masterarbeit bildet ein halbstündiges Kolloquium, in dem die Masterarbeit vorstellt und verteidigt wird.
- Leistungen aus dem Masterstudiengang ersetzen in den Prüfungsgebieten „Angewandte Betriebswirtschaftslehre", „Volkswirtschaftslehre" und „Wirtschaftsrecht" die entsprechenden Prüfungen des Wirtschaftsprüferexamens. Absolventinnen und Absolventen können daher das Wirtschaftsprüferexamen in verkürzter Form ablegen. Die Module dieser Prüfungsgebiete werden vorwiegend in den ersten drei Semestern gelehrt, so dass die Studierenden sich auf die im Wirtschaftsprüferexamen verbleibenden Prüfungsgebiete „Prüfungswesen" und „Steuerrecht" am Ende des Studiums konzentrieren können.

Der Umfang des dozentengebundenen Lernens beträgt insgesamt ca. 950 Stunden. Das Basis-Lehrmaterial wird in digitaler Form über die Lernplattform ILIAS zur Verfügung gestellt. Die Studierenden erhalten teilweise wissenschaftliche Texte zur Vor- und Nachbereitung der Modulinhalte sowie ausgewählte Literaturhinweise für das vertiefende Selbststudium.

Credits						
1. Semester	25	Jahresabschluss und Berufsrecht	Investition und Finanzierung, Volkswirtschaftslehre	Bürgerliches Recht	Einkommen- und Bilanzsteuerrecht	
2. Semester	25	Jahresabschlussprüfung/ IT-Prüfung	Methodische Problemstellungen der externen Rechnungslegung und Corporate Governance	Gesellschafts- und Konzernrecht		
3. Semester	25	Konzernabschluss und IFRS	Unternehmensbewertung	EU-, Kapitalmarkt- und Insolvenzrecht	Abgabenordnung, Bewertungsgesetz und Erbschaftsteuer	
4. Semester	25	Sonderprüfungen	Unternehmensführung und Organisation	Unternehmensbesteuerung	Verkehrsteuern	Internationale Besteuerung und Umwandlungsbesteuerung
5. Semester	20	Seminar (Prüfungswesen)	Masterarbeit (aus dem Schwerpunkt Prüfungswesen)			

Studienverlaufsplan des Masterstudiengangs „Auditing, Finance and Taxation"

In kleinen Gruppen erweitern und vertiefen unsere Studierenden Ihre Fähigkeiten der eigenständigen praktischen Problemlösung, des analytischen Denkens und des wissenschaftlichen Arbeitens. Fallstudien und Projekte, sowie ergänzende Exkursionen zu Gerichten, Unternehmen oder Behörden verfestigen und erweitern darüber hinaus den Theorie-Praxis-Transfer. Auch notwendige Schlüsselqualifikationen, wie Präsentationstechniken, Kommunikation und Gesprächsführung mit Mandanten oder (Finanz-)Behörden werden im Rahmen des Studiums vermittelt. Gemeinsame Exkursionen der beiden Studienstandorte FH Münster und Hochschule Osnabrück fördern zudem das „Netzwerken" untereinander und mit Vertretern der Praxis.

Die Durchführung der Veranstaltungen erfolgt durch ein qualifiziertes und engagiertes Dozententeam aus Wissenschaft und Praxis, welches sich zurzeit aus 21 Professoren der Hochschulen Münster und Osnabrück sowie 12 externen Lehrbeauftragten, z. B. Steuerberater, Wirtschaftsprüfer, Rechtsanwälte, Richter zusammensetzt. Sie alle tragen dazu bei, dass im MAFT die theoretischen und praktischen Aspekte der Ausbildung zum Wirtschaftsprüfer in ausgewogener Form berücksichtigt werden.

3. Die Organisation des Studiengangs

Der MAFT-Studiengang verbindet ein intensives Kontaktstudium mit einem anspruchsvollen Selbststudium und ermöglicht individuell gestaltbare Praxisphasen. Die Präsenzveranstaltungen finden geblockt in jeweils zwei Monaten im Semester an fünf Tagen der Woche (i. d. R. Montag bis Freitag) an der FH Münster oder der Hochschule Osnabrück statt.

Der Vorlesungsturnus berücksichtigt die zeitliche Arbeitsbelastung im wirtschaftsprüfenden Bereich; vorlesungsfrei sind folglich insbesondere die Monate Dezember bis April.

- Wintersemester: Veranstaltungen von September bis Oktober, Prüfungen im November
- Sommersemester: Veranstaltungen von Mai bis Juni, Prüfungen im Juli

Berufspraktische Phasen in den vorlesungsfreien Zeiten verkürzen die zur Bestellung (WP) bzw. zur Zulassung zum Berufsexamen (StB) erforderlichen Praxiszeiten. Die Vorlesungen innerhalb eines Studienverlaufs finden in Münster oder in Osnabrück statt. An dem Standort, an dem die Studiengruppe startet, werden sämtliche Vorlesungen angeboten.

Zum Studienstart am 2. Mai 2026 startet der Studiengang an der Hochschule Osnabrück.

Die **Immatrikulation** der Studierenden – unabhängig vom tatsächlichen Veranstaltungsort – erfolgt an der Hochschule Osnabrück, daher ist die Bewerbung um einen Studienplatz ausschließlich an die Hochschule Osnabrück zu richten (www.maft.de/bewerbung). Die Studierenden können sämtliche Einrichtungen beider Hochschulen (z.B. Bibliotheken, Mensen, Sportangebote) nutzen.

Nach **erfolgreichem Studium** wird von beiden Hochschulen gemeinsam der **Hochschulgrad Master of Arts (M.A.)** verliehen. Der Abschlusstitel ermöglicht den Absolventen eine Zulassung zum höheren Dienst, zur Promotion und den unmittelbaren Zugang zum WP-Examen (möglich bereits im August des Abschlussjahres).

Der Masterstudiengang lässt sich mit der **Modularisierung des Wirtschaftsprüferexamens** gut vereinbaren. Da der Studiengang auch auf die Fächer Prüfungswesen und Steuerrecht vorbereitet, ist das Ablegen eines Prüfungsfaches direkt im Anschluss an den Masterabschluss möglich. Das zweite Prüfungsfach kann entweder zum gleichen Zeitpunkt oder später abgelegt werden. Dies führt zu einer weiteren Reduzierung der Prüfungsbelastung und einer individuelleren Examensplanung.

4. Zugang, Zulassung und Kosten des Studiengangs

Die **Zugangsvoraussetzungen** zum Masterstudiengang sind bis auf das zusätzliche Erfordernis englischer Sprachkenntnisse[3] deckungsgleich mit den für § 8a WPO-Studiengänge vorgeschriebenen Anforderungen[4]:

- Abgeschlossenes berufsqualifizierendes Hochschulstudium (z.B. Diplom oder Bachelor, Jura: 1. Staatsexamen)
- Eine mindestens sechsmonatige *nach* dem ersten Hochschulabschluss folgende Praxiszeit gem. § 9 Abs. 1 WPO und davon drei Monate Prüfungstätigkeit gem. § 9 Abs. 2 WPO
- Bestandene Zugangsprüfung

Die **Zugangsprüfung** findet für jeden Starttermin, ob zum regulären Start im Sommer oder zum Quereinstieg im Wintersemester, jeweils im **Dezember** und im **März** eines jeden Jahres statt. Die Zugangsprüfung besteht aus zwei jeweils dreistündigen Klausuren, in denen die Prüfungsgebiete **Wirtschaftliches Prüfungswesen, Steuerrecht, angewandte Betriebswirtschafts- und**

3 Kenntnisse der englischen Sprache werden mit mindestens dem Niveau B2 des Europäischen Referenzrahmens für Fremdsprachen erwartet.

4 Vgl. hierzu § 3 der WPAnrV sowie Punkt 2.b des Referenzrahmens.

Volkswirtschaftslehre sowie **Wirtschaftsrecht** abgeprüft werden. Im Falle des Nichtbestehens kann die Prüfung zweimal wiederholt werden.

Da die Zugangsprüfung in Hinblick auf das nachfolgende anspruchsvolle § 8a WPO-Studium breite wirtschaftswissenschaftliche Vorkenntnisse der künftigen Studierenden sicherstellen soll, fokussiert die Prüfung auf entsprechende Kenntnisse eines wirtschaftswissenschaftlichen Bachelorstudiengangs.

Den MAFT-Bewerbern werden zur optimalen Vorbereitung auf die Zugangsprüfung umfangreiche Literaturhinweise gegeben und eine zweitägige **Online-Informationsveranstaltung** angeboten. Für die Zugangsprüfung wird eine Gebühr in Höhe von derzeit 150 € erhoben (Stand: Juni 2025).

Aktuelle Termine finden Sie auf unserer Internetseite www.maft.de.

Die **Studiengebühr** für den fünfsemestrigen Studiengang MAFT beträgt derzeit 11.250 €, d. h. 2.250 € pro Semester, zuzüglich Semesterbeiträgen (Stand: Juni 2025). Sofern die Regelstudienzeit von fünf Semestern überschritten wird, reduziert sich die Studiengebühr auf 400 € pro Semester zuzüglich Semesterbeitrag.

5. Betreuung von MAFT-Interessierten bis zum Masterabschluss – und darüber hinaus

Verantwortlich für die Durchführung des Studiengangs ist die Studiengangsleitung: Herr StB Prof. Dr. Dirk Kiso von der FH Münster und Herr WP/StB Prof. Dr. Elmar Wiechers von der Hochschule Osnabrück. Für die Organisation des Studiengangs und die Betreuung aller Interessierten, Studierenden und Absolventen ist die **Geschäftsstelle MAFT** mit den beiden Mitarbeiterinnen Frau Heike Thiele (Hochschule Osnabrück) und Frau Beatris van Wesel (FH Münster) zuständig.

Interessierte

Am Masterstudiengang „Auditing, Finance and Taxation“ Interessierte finden vielseitige Informationen rund um den Masterstudiengang auf unserer Homepage www. maft.de. Für persönliche Informationsgespräche wenden Sie sich gerne an:

Heike Thiele
Hochschule Osnabrück Geschäftsstelle MAFT
Caprivistr. 30A
49076 Osnabrück
Tel.: 0541-969 3783
E-Mail: info@maft.de

Bewerber

Das **Online-Bewerbungsportal** ist für die Bewerbung zum **regulären Start** im Mai in der Regel ab Oktober des Vorjahres und für den **Quereinstieg** im Wintersemester ab Mai geöffnet. Im Bewerbungsportal sind alle Unterlagen (Lebenslauf, Zeugnisse, Bescheinigungen etc.) hochzuladen. Weitere Informationen zum Ablauf der Bewerbung finden Sie im Internet unter www.maft.de/bewerbung.

Die **Zugangsprüfung** wird an **zwei Terminen im Jahr** angeboten: Die Bewerbungsfrist für die vorgezogene Zugangsprüfung im Dezember endet am 10. November und für die letzte Prüfung im März am 28. Februar. Die aktuellen Termine werden auf der Internetseite www.maft.de bekannt gegeben.

Universität Bayreuth

Master of Science (§ 13b WPO)

Universitätsstraße 30, 95447 Bayreuth
www.wp-option.uni-bayreuth.de

Masterstudiengang „Betriebswirtschaftslehre" mit WP-Option gemäß § 13b WPO an der Universität Bayreuth

Von StB Prof. Dr. Rolf Uwe Fülbier und StB Florian Federsel

Überblick

Seit vielen Jahren bietet die Universität Bayreuth die Möglichkeit zur Verkürzung des Wirtschaftsprüfungsexamens gemäß § 13b WPO. Im Rahmen des Masterstudiengangs „Betriebswirtschaftslehre" können Sie die Prüfungsgebiete „Angewandte Betriebswirtschaftslehre, Volkswirtschaftslehre" („Angewandte BWL, VWL") und „Wirtschaftsrecht" bereits im Rahmen des Studiums absolvieren (*WP-Option*). An der Universität Bayreuth haben sowohl die generalistische Ausrichtung der betriebswirtschaftlichen Studiengänge als auch die enge Verzahnung der wirtschaftswissenschaftlichen und juristischen Ausbildung eine lange Tradition. Vor diesem Hintergrund integriert sich die *WP-Option* in das bestehende Studienprogramm derart, dass die Möglichkeit zur Verfolgung weiterer wirtschaftswissenschaftlicher und -rechtlicher Interessen besteht und nur wenige Zusatzleistungen abzulegen sind.

Seit ihrer Gründung im Jahre 1975 ist die Universität Bayreuth mit starker Internationalität und Interdisziplinarität sowie hoher Praxisrelevanz 50 Jahre extrem erfolgreich in Forschung und Lehre aktiv. So belegt die Universität Bayreuth im weltweiten Times Higher Education World University Ranking beim Young University Ranking 2024 einen hervorragenden 38. Platz. Spitzenplatzierungen in verschiedenen weiteren Hochschulrankings wie z. B. dem CHE unterstreichen diesen Anspruch, insbesondere auch für die Lehre in der

Betriebswirtschaft. Studierende der Bayreuther WP-Option profitieren aber auch von der extrem guten Positionierung der VWL und der Rechtswissenschaft. So sieht z. B. das Ranking der Wirtschaftswoche 2024 die Rechtswissenschaft deutschlandweit auf Platz 6 und die VWL unter den Top 10. Die hohe Kompetenz in der universitären Forschung und Lehre kommt den Studierenden angesichts der stetig wachsenden Bedeutung von Methodenkompetenz in der Wirtschaftsprüfungspraxis unmittelbar zugute. Besonders engagierten Studierenden eröffnet sich zudem die Möglichkeit einer Promotion an einem der beteiligten Lehrstühle.

PROJECT – Sieben Gründe für die WP-Option an der Universität Bayreuth

Partner	In der *WP-Option* ist die Praxis stets nahe! Experten unserer Praxispartner unterstützen und verstärken uns in der Lehre. Vielfältige Angebote von Praktika, Werkstudententätigkeiten, Auslandseinsätzen bis hin zum Berufseinstieg gehören dazu.
Ranking	Spitzenplätze in den Hochschulrankings bestätigen regemäßig die exzellente Qualität der Bayreuther Lehre und die hervorragenden Studienbedingungen in der Betriebswirtschaftslehre. Der „Ökonom Bayreuther Prägung" ist seit Jahrzehnten ein auf dem Arbeitsmarkt nachgefragtes Premiumprodukt.
Organistion	Die Integration der *WP-Option* in das laufende Master-Programm erlaubt Flexibilität und Freiheit bei der Studiengestaltung (u.a. Fächerwahl, Praktika, Auslandsaufenthalte). Sie ketten sich nicht schon im Studium an ein einzelnes Unternehmen und unterliegen keinen zusätzlichen Studiengebühren.
Jura	Die hervorragende wirtschaftsrechtliche Ausbildung ist mit den Wirtschaftswissenschaften eng verwoben. Garant dafür ist eine gemeinsame Fakultät für Rechts- und Wirtschaftswissenschaften – im Übrigen mit einer Rechtswissenschaft, die im Ranking zur absoluten Ausbildungsspitze in der deutschen Universitätslandschaft gehört.

Einzigartig	Als einzige Universität in Deutschland bieten wir beide Prüfungsgebiete („Angewandte BWL, VWL“ und „Wirtschaftsrecht“) im 13b-Programm auf Master-Level an.
Campus	Der schönste Campus Deutschlands - durch kurze Wege, moderne Infrastruktur, extrem kleine Kurse und persönliche Betreuung bietet die Universität Bayreuth optimale Studienbedingungen. Die Festspielstadt Bayreuth stellt eine traumhafte Studienumgebung bereit; Studierende erfreuen sich im Sommer wie Winter an Freizeitaktivitäten auf höchstem Niveau und, laut Guiness-Buch der Rekorde, an der höchsten Brauereidichte der Welt!
Treue	Ein starkes Alumni-Netzwerk bietet auch abseits der Vorlesungen beste Kontaktmöglichkeiten - zum Beispiel in einem typischen fränkischen Biergarten zum Stammtisch. Dies gilt bereits während des Studiums und natürlich auch danach.

Konzept der WP-Option gemäß § 13b WPO

Die *WP-Option* ist in den Masterstudiengang „Betriebswirtschaftslehre“ eingebettet.[1] Optimale Synergien ergeben sich mit der großen Vertiefung *FACT (Finance, Accounting, Controlling, Taxation)*, die aber nicht zwingend zu belegen ist. Damit bleibt eine weitgehende Flexibilität des Studiums erhalten. Es besteht dahingehend Wahlfreiheit, ob mit der *WP-Option* die Teilbereiche „Angewandte BWL, VWL“ und „Wirtschaftsrecht“ oder nur einer der beiden Bereiche erbracht werden sollen (Abbildung).

Zur Ausübung der *WP-Option* ist eine Auswahl relevanter Veranstaltungen aus dem bestehenden Studienangebot zu belegen.[2] Während die Pflichtveranstaltungen vorgegeben sind, können innerhalb der eigenen Studienschwerpunkte zwei Wahlpflichtveranstaltungen für das Prüfungsgebiet „Angewandte BWL, VWL“ gewählt werden. Neben der Immatrikulation in den Masterstu-

1 Weitere Informationen zu Aufbau und Immatrikulationsvoraussetzungen finden Sie im Studiengangsportal Betriebswirtschaftslehre unter http://www.bwl.uni-bayreuth.de/de/master_bwl/.

2 Aktuelle Studienpläne finden Sie unter https://www.wp-option.uni-bayreuth.de/de/wp-option/Ablauf/index.html.

Abbildung: Teilbereiche und Ausübungsmöglichkeiten der WP-Option

diengang „Betriebswirtschaftslehre“ ist für die beiden Teilbereiche jeweils eine Zulassungsklausur im ersten Fachsemester zu absolvieren.

Den letzten Schritt stellen die mündlichen Prüfungen dar, die im letzten Semester abzulegen sind. Hier stellen Sie abschließend Ihr erworbenes Wissen sowie Ihre Fähigkeit in einem oder beiden Prüfungsgebieten unter Beweis. Bei erfolgreichem Abschluss der erforderlichen Teilleistungen wird Ihnen das Zertifikat über die *WP-Option* ausgestellt, welches später bei der Anmeldung zum Wirtschaftsprüfungsexamen vorzulegen ist.

Rechtlicher Hinweis

Die Akkreditierung der *WP-Option* im Masterstudiengang „Betriebswirtschaftslehre“ als gleichwertige Hochschulleistung zu den Klausuren „Angewandte BWL, VWL“ und „Wirtschaftsrecht“ liegt bisher bis zum Studienbeginn Sommersemester 2023 vor (Stand: September 2025). Die Folgeanträge für darauffolgende Studienzeiträume wurden fristgerecht bei der Wirtschaftsprüferkammer gestellt. Eine darüber hinausgehende Fortführung wird angestrebt.

Abschließende Bemerkungen

Weitere Informationen zur *WP-Option* an der Universität Bayreuth sind unter www.wp-option.uni-bayreuth.de zu finden. Für individuelle Rückfragen oder allgemeine Auskünfte wenden Sie sich an Florian Federsel (Kontaktdaten unten). Zu Beginn eines jeden Semesters wird eine Informationsveranstaltung für Interessierte und Neustudierende angeboten.

Wir danken unseren Partnern aus der Berufspraxis, die die Finanzierung dieses Studienangebots sicherstellen. Hier sind wir breit aufgestellt und bieten den Studierenden den Zugang zu allen Facetten der Wirtschaftsprüfung. Seit Oktober 2019 profitieren die Studierenden der Bayreuther *WP-Option* von mehreren privilegierten Partnerschaften. Diese umfassen einige weltweit agierende Big4-Gesellschaften sowie große Wirtschaftsprüfungsgesellschaften; auch der genossenschaftliche Prüfungsverband ist in Bayreuth präsent und bietet wie alle anderen Partner entsprechende Einblicke und spannende Einstiegsmöglichkeiten.

Ansprechpartner

Koordinator der WP-Option

Universität Bayreuth
Lehrstuhl BWL X – Internationale Rechnungslegung
Prof. Dr. Rolf Uwe Fülbier, StB
Prieserstraße 2
95444 Bayreuth

Weitere Informationen

StB Florian Federsel
Tel.: +49 921 55-4824
E-Mail: wp-option@uni-bayreuth.de
URL: www.wp-option.uni-bayreuth.de

Hochschule Bochum

Masterstudiengang „Accounting, Auditing and Taxation“ (MAAT) (§ 13b WPO)
Masterstudiengang „Accounting and Taxation“ (MAT) (§ 13b WPO)

Fachbereich Wirtschaft
Am Hochschulcampus 1, 44801 Bochum

„MAAT“ und „MAT“ in Bochum: Kompetenz auf dem Weg zum Wirtschaftsprüfer (WP)

Von Prof. Dr. Carsten Theile, Studiengangsleiter

Die Hochschule Bochum (BO) ist aktuell die einzige Hochschule/Universität im Ruhrgebiet mit einem Studienangebot nach § 13b WPO.

Darüber hinaus gehört die BO zu Deutschlands besten Hochschulen im Fach Wirtschaftsprüfung: In einer groß angelegten Studie des manager magazins und der WGMB (Wissenschaftliche Gesellschaft für Management und Beratung mbH) wurde die BO im Jahr 2024 – wie auch in 2020 und 2022 – in die Top 10 gewählt und erreichte diesmal den zweiten Platz mit der Gesamtnote „sehr gut“ unter den bundesweiten Fachhochschulen. Nicht zuletzt haben MAAT und MAT zu dieser TOP-Platzierung geführt.

1. Studienangebot

Die Hochschule Bochum (BO) bietet den viersemestrigen Vollzeitstudiengang MAAT sowie den dreisemestrigen MAT mit einer „WP-Option“ (§ 13b WPO) an (siehe dazu unter 7.: „Rechtlicher Hinweis“).

MAAT und MAT richten sich an erfolgreiche Absolventen eines Studiengangs mit wirtschaftswissenschaftlichem Schwerpunkt, die eine Affinität zu den Bereichen „Rechnungslegung", „Prüfungswesen" und/oder „Besteuerung" entwickelt haben. Im Studium legen wir darüber hinaus großen Wert auf eine Vernetzung von wirtschaftlichen und juristischen Themen. Erste praktische Berufserfahrungen in der Wirtschaftsprüfung sind vor Aufnahme des Studiums willkommen, aber keine Einstiegsvoraussetzung. Ferner gestalten wir unsere Vorlesungszeiten so, dass Sie in der Regel neben dem Studium auch einer Tätigkeit nachgehen können.

2. Perspektiven

Nach erfolgreich absolviertem MAAT oder MAT besteht die Möglichkeit des Einstiegs in eine Fach- und Führungskräftelaufbahn in der Steuerberatung/Wirtschaftsprüfung. Aber auch andere Einsatzgebiete sind möglich und werden von unseren bisherigen Absolventen wahrgenommen, etwa im Controlling, Rechnungswesen und in Steuerabteilungen von Unternehmen, in Banken und Versicherungen sowie vieles mehr.

3. Aufbau und Inhalt des Studiengangs

MAAT und MAT sind als **Vollzeitstudiengänge** über vier bzw. drei Semester konzipiert. Im jeweils letzten Semester ist anstelle von Lehrveranstaltungen ein mindestens sechswöchiges Praktikum vorgesehen. Außerdem wird im letzten Semester die Masterarbeit (drei Monate) geschrieben. Das Studium wird durch ein Kolloquium abgeschlossen.

Die Vermittlung eines fundierten und breiten Kompetenzniveaus dient in den **anwendungsorientierten** MAAT und MAT als Basis, Wissen und Fähigkeiten nicht nur auf bekannte, sondern vor allem auf neue Problemstellungen zielgerichtet anzuwenden. Außerdem erwerben die Studierenden **Methodenkompetenz**, um sich auch nach dem Studienabschluss selbstständig neues Wissen und neue Fähigkeiten aneignen zu können. In Workshops und Fallstudien wird überdies trainiert, fachübergreifend zu denken und zu handeln.

4. Studienbedingungen und Ausstattung

Ein Master-Studium in Kleingruppen hat für uns hohe Priorität. In der Regel sitzen nicht mehr als 30 Studierende in unseren MAAT- und MAT-Veranstaltungen. In studentischen Evaluationen werden die individuelle Betreuung und der unkomplizierte Kontakt zu den Professoren und Lehrbeauftragten stets gelobt. Unsere Dozenten sind erfahren im Umgang mit digitalen Lernplattformen.

Die technische Ausstattung unserer Räume ist mit Rechner, Beamer, Visualizer, Whiteboards usw. state-of-the-art. Unsere Bibliothek hält ein breites und aktuelles Angebot studienrelevanter Medien vor, sowohl (noch) herkömmlich als Hardcopy als auch (zunehmend) digital. Die Datenbanken der einschlägigen Verlage sind vorhanden.

5. Besonderheiten

Regelmäßige **Exkursionen** zu Unternehmen und Beratungsgesellschaften schärfen den Blick. Weiterhin finden Workshops zu Prüfungs- und steuerlichen Themen in Unternehmen vor Ort statt. Umgekehrt laden wir Vertreter aus Wissenschaft und Praxis zu **Gastvorträgen** ein.

Um das Studium auf einem hohen Niveau zu halten und inhaltlich weiterzuentwickeln, haben wir einen **Beirat** eingerichtet. Dieser besteht derzeit aus elf Vertretern der Wirtschaft (Prüfungsgesellschaften und Unternehmen), die uns regelmäßig beraten und unseren Studierenden wertvolle Hinweise für die berufliche Zukunft geben.

6. Zugangsvoraussetzung

Voraussetzung für die Aufnahme des Studiums im MAAT und MAT ist neben den allgemeinen Zugangsvoraussetzungen gem. § 4 RPO ein **qualifizierter Abschluss** (Bachelor oder Diplom) mit einer Gesamtnote von **mindestens 2,5** eines **mindestens 6-semestrigen Studiengangs (180 Leistungspunkte)** für den **MAAT** bzw. **mindestens 7-semestrigen Studiengangs (210 Leistungspunkte)** für den **MAT** in **„Betriebswirtschaftslehre/Wirtschaftswissenschaften“** oder „Volkswirtschaftslehre“ oder eines **fachlich vergleichbaren Studiengangs** an einer staatlichen oder staatlich anerkannten Hochschule.

Darüber hinaus ist der **Nachweis einer studiengangbezogenen besonderen Vorbildung** (§ 49 Abs. 7 Hochschulgesetz NRW) erforderlich, der über die entsprechende erfolgreiche Belegung folgender Studienmodule bzw. Studienfächer im Bachelor- oder Diplomstudium mit mindestens jeweils 4 ECTS erbracht wird:

1. Kosten- und Leistungsrechnung und/oder Controlling bzw. vergleichbare Veranstaltungen,
2. Unternehmensfinanzierung und/oder Investitionsrechnung (Investition und Finanzierung) bzw. vergleichbare Veranstaltungen,
3. Unternehmensführung und -organisation bzw. vergleichbare Veranstaltungen,
4. Buchführung und/oder Jahresabschluss bzw. vergleichbare Veranstaltungen,
5. Mathematik und/oder Statistik bzw. vergleichbare Veranstaltungen,
6. Volkswirtschaftslehre und Volkswirtschaftspolitik bzw. vergleichbare Veranstaltungen,
7. Steuerrecht und/oder Unternehmensbesteuerung bzw. vergleichbare Veranstaltungen und
8. Wirtschaftsrecht (BGB und Handelsrecht) bzw. vergleichbare Veranstaltungen.

Der MAAT startet ausschließlich im Wintersemester; der MAT im Sommersemester.

7. Rechtlicher Hinweis

Die Möglichkeit zur Anrechnung von Studienleistungen auf das Wirtschaftsprüferexamen nach § 13b WPO ist für jeden Studierendenjahrgang von der Prüfungsstelle bei der Wirtschaftsprüferkammer neu zu genehmigen. Die Hochschule Bochum strebt auch für künftige Kohorten die Anerkennung jährlich an, kann sie gleichwohl nicht rechtsverbindlich garantieren. Bisherige Anerkennungen liegen für folgende Jahrgänge des MAAT vor:

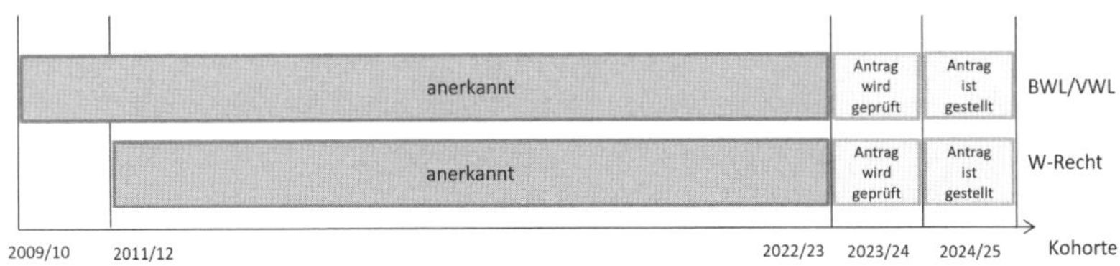

Für den MAT wurde der Antrag für den Bereich BWL/VWL für die Kohorte mit Start im Sommersemester 2023 erstmalig gestellt und anerkannt. Eine Anrechnung von Wirtschaftsrecht ist im MAT nicht möglich.

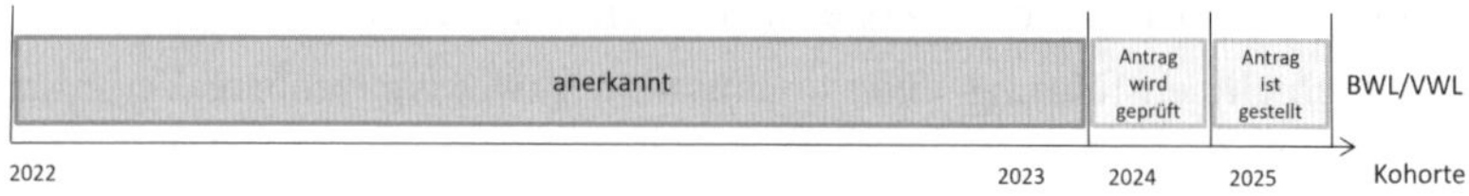

Kontakt

Studiengangsleitung MAAT und MAT:

Prof. Dr. rer. pol. Carsten Theile

Weitere Informationen erhalten Sie von:

Dipl.-Kfm. (FH) Andreas Stach
Tel.: +49 234 32-10661
E-Mail: andreas.stach@hs-bochum.de

https://www.hochschule-bochum.de/studium-lehre/studienangebote/masterstudiengaenge/accounting-auditing-and-taxation/

https://www.hochschule-bochum.de/studium-lehre/studienangebote/masterstudiengaenge/accounting-and-taxation/

Heinrich-Heine-Universität Düsseldorf

Master of Science (mit Option nach § 13b WPO)

Universitätsstraße 1, 40225 Düsseldorf | www.fact.hhu.de

Masterstudiengang Betriebswirtschaftslehre mit Studienprofil FACT finance × accounting × controlling × taxation (fact × hhu)

Von Prof. Dr. Janine Maniora,
Prof. Dr. Barbara E. Weißenberger und Fabian Failenschmid, M.Sc.

Fünf Gründe für das Studienprofil fact × hhu an der Heinrich-Heine-Universität Düsseldorf

§ 13b WPO Profitieren Sie von der nahtlosen Integration unseres Studienprofils **fact × hhu** in den BWL-Master und verkürzen Sie ein späteres Wirtschaftsprüfer-Examen durch die Anrechnung von Prüfungen aus dem Studium auf das Prüfungsgebiet „Angewandte BWL, VWL" nach § 13b WPO.

Freie Wahl Kombinieren Sie Ihre Option gemäß § 13b WPO mit anderen Inhalten aus Finance, (Financial) Accounting, Controlling und Taxation oder komplettieren Sie Ihr Studienprofil mit anderen betriebswirtschaftlichen Fächern bzw. einem Auslandsstudium.

Digitalisierung Seien Sie von Anfang an ganz vorne dabei und kombinieren Sie BWL-Expertise mit IT-Basics für die Prüfung und Beratung der Zukunft. Werden Sie Experte für Methoden und Anwendungsfälle digitaler Technologien in Berufspraxis und Wissenschaft.

Netzwerk Kommen Sie an eine junge Fakultät auf einem dynamischen Campus mit offenen Türen und kurzen Wegen. Knüpfen Sie exzellente Kontakte auf unseren zahlreichen Networking-Events am Wirtschaftsstandort Düsseldorf.

Metropole Genießen Sie Studentenleben in R(h)einkultur! Sie erwartet eine der größen Metropolregionen Europas.

Bereit für die Zukunft?

fact × hhu ist Ihr Studienprofil für den BWL-Master in den Bereichen Finance, Accounting, Controlling und Taxation. Flexible Schwerpunkte, Verknüpfung von Forschung und Praxis sowie die Anrechnung von Studienleistungen auf das WP-Examen gem. § 13b WPO zeichnen uns aus.

fact × hhu richtet sich an alle Studierenden mit Interesse an einer klassischen betriebswirtschaftlichen Ausbildung in Rechnungslegung, Steuern, Controlling, Wirtschaftsprüfung oder Finance sowie einer Begeisterung für digitale Transformation, Corporate Governance und andere gesellschaftlich relevante Themen, wie z. B. Nachhaltigkeit.

fact × hhu lässt sich reibungslos in den Masterstudiengang Betriebswirtschaftslehre integrieren. Ihnen bleibt ausreichend Freiraum, um eigene (fachliche) Interessen im Studienprofil FACT zu verfolgen, andere betriebs- oder volkswirtschaftliche Module zu besuchen oder auch ein Auslandssemester zu absolvieren. Insbesondere im Bereich der Projekt- und Thesisarbeiten besteht die Möglichkeit, die im Rahmen der Schwerpunkte erworbenen Kenntnisse und Fähigkeiten anzuwenden oder in Kooperation mit einem Unternehmen eine Problemstellung aus der Praxis zu bearbeiten. Einen besonderen Fokus legen wir auf die Ausbildung in digitalen Technologien, die Sie im Rahmen der Schwerpunkte kennenlernen. Somit profitieren Sie in vollem Umfang von der Verknüpfung betriebswirtschaftlicher Fragestellungen mit anwendungsorientiertem Knowhow für die Berufspraxis. Im Rahmen von Gastvorträgen und Exkursionen werden Themen wie der Einsatz künstlicher Intelligenz in der Industrie oder die Möglichkeiten der Echtzeit-Bereitstellung und Analyse von Geschäftsdaten mit unseren Praxispartnern vertieft.

Mehr als nur eine Matrikelnummer

Seit ihrer Gründung im Jahre 1990 steht die Wirtschaftswissenschaftliche Fakultät der Heinrich-Heine-Universität Düsseldorf für eine hervorragende und anwendungsorientierte Ausbildung in den Wirtschaftswissenschaften. Neben der hohen Qualität der Lehre bietet Düsseldorf als Campusuniversität eine attraktive Studienumgebung: kurze Wege, offene Türen, kleine Kurse mit intensiver Betreuung. Denn Ihr Studienerfolg steht für uns im Mittelpunkt. Durch den zentralen Standort im Herzen des Rheinlands bestehen zahlreiche Möglichkeiten für Auslandsaufenthalte und Praktika am Wirtschafts- und Finanzstandort Düsseldorf.

Anrechnung von Studienleistungen nach § 13b WPO

fact × hhu erleichtert Ihnen den Weg zum Wirtschaftsprüfer! Integraler Bestandteil der Option nach § 13b WPO zur Anrechnung von Studienleistungen auf das Prüfungsgebiet „ABWL, VWL" des Wirtschaftsprüfer-Examens ist das Modul Accounting Advisory. Sie können dieses Modul im Rahmen eines Schwerpunkts „Audit" absolvieren, den wir als Teil unseres Studienprofils **fact × hhu** anbieten. Alterntiv können Sie das Modul Accounting Advisory auch mit anderen Schwerpunkten im Studienprofil FACT kombinieren, wie beispielsweise Financial Accounting, Controlling oder Betriebswirtschaftliche Steuerlehre. Sie haben damit die größtmögliche Flexibilität, Ihr Masterstudium nach eigenen Wünschen zu gestalten.

Accounting Advisory besteht aus je einem Kurs im Winter- und Sommersemester, die in beliebiger Reihenfolge belegt werden können. Jeder Kurs schließt mit einer 240-minütigen Prüfung ab. Nach Abschluss des zweiten Kurses absolvieren Sie eine 30-minütige mündliche Prüfung. Hier stellen Sie abschließend Ihr erworbenes Wissen unter Beweis. Bei erfolgreichem Abschluss erhalten Sie mit Ihrem Master-Zeugnis unser Zertifikat für den erfolgreichen Abschluss der Option gem. § 13b WPO, das Sie bei einer späteren Anmeldung zum Wirtschaftsprüfer-Examen zur Anrechnung auf die Klausuren im Prüfungsgebiet „ABWL, VWL" vorlegen können.

Für die Wahl von Accounting Advisory im Rahmen von **fact × hhu** bestehen neben der Immatrikulation in den Masterstudiengang BWL keine gesonderten Zulassungsvoraussetzungen. Es gibt keine zusätzliche Zulassungsklausur, wie sie an anderen Universitäten oft gefordert wird. Mit dem Abschluss des Schwerpunktes Audit erfüllen Sie alle Voraussetzungen, denn im Studienschwerpunkt sind alle Leistungen enthalten, die Sie für die Anrechnung gemäß § 13b WPO erbringen müssen. Dies umfasst neben Accounting Advisory die Module FACT Foundations und Makroökonomik. Das Modul Methoden der empirischen Wirtschaftsforschung ist das einzige Pflichtmodul im Masterstudiengang.

Rechtlicher Hinweis

Die Wirtschaftsprüferkammer (WPK) hat für alle Studienjahre bis 2023/24 die von uns angebotene § 13b-Option als gleichwertig im Sinne von § 7 Abs. 2 Wirtschaftsprüfungsexamens-Anrechnungsverordnung (WPAnrV) anerkannt. Diese Anerkennung erfolgt nach den Regularien der WPK jeweils nachträglich nach Abschluss eines Studienjahrs für die zurückliegende Kohorte. Wir werden die Anerkennung auch weiterhin entsprechend beantragen.

Abschließende Bemerkungen

Alle Informationen zum Studienprofil **fact × hhu** an der Heinrich-Heine-Universität Düsseldorf finden Sie unter www.fact.hhu.de. Für Rückfragen oder Auskünfte wenden Sie sich bitte an Fabian Failenschmid, M.Sc. (s.u.). In jedem Semester wird zudem eine Informationsveranstaltung für Interessierte und Neustudierende angeboten.

Wir danken unseren Partnern – BDO, Deloitte, ETL, EY, Gradify, Grant Thornton, PwC sowie Rödl & Partner – für die Unterstützung von **fact × hhu**.

Koordinatoren von fact × hhu

Professur für BWL, insb. Financial Accounting
Prof. Dr. Janine Maniora

Lehrstuhl für BWL, insb. Controlling und Accounting
Prof. Dr. Barbara E. Weißenberger

Academic Teacher für Betriebswirtschaftliche Steuerlehre
Fabian Failenschmid, M.Sc.

Ihr Ansprechpartner

Fabian Failenschmid, M.Sc. | fact@hhu.de | +49 (0) 211 81-10304

Technische Hochschule Köln

Masterstudiengang „Wirtschaftsprüfung, Steuern, Recht und Finanzen" (CFO-Master), § 13b WPO (M. Sc./LL. M.)

Von WP Prof. Dr. Sven Schäfer und Prof. Dr. Volker Mayer,
Studiengangsleiter

1. Technische Hochschule Köln, Fakultät für Wirtschafts- und Rechtswissenschaften

Die Technische Hochschule Köln – kurz TH Köln – versteht sich als University of Technology, Arts, Sciences. Sie zählt mit ihren über 21.000 eingeschriebenen Studierenden an fünf Standorten mit zwölf Fakultäten zu den innovativen und forschungsstarken Hochschulen und ist in Lehre und Forschung international vernetzt.

An der Fakultät für Wirtschafts- und Rechtswissenschaften, die den CFO-Masterstudiengang anbietet, lehren 67 Professor*innen. Die Fakultät hat über 3.590 Studierende und befindet sich in der Kölner Südstadt.

2. Der CFO-Masterstudiengang

2.1 Überblick

- Studienanfängerzahl pro Semester: 25
- Start: nur Wintersemester (WS)
- Bewerbungsfrist: siehe Homepage (wechselnd, meist Termin im Juli)
- Studiendauer: 4 Semester
- Abschlussgrad: M. Sc. oder LL. M.

2.2 Berufsperspektiven

Der CFO-Master fokussiert sich auf ein umfassendes Spektrum beruflicher Perspektiven im Finanzbereich von Unternehmen sowie im Bereich der Wirtschaftsprüfung und Beratung.

In vier Semestern werden Studierende intensiv auf Tätigkeiten in den Bereichen „Steuern“, „Wirtschaftsprüfung“, „Externes Rechnungswesen“, „Controlling“, „Investition und Finanzierung“ sowie „Wirtschaftsrecht“ vorbereitet. Der Master qualifiziert sie damit für verantwortliche Tätigkeiten und Führungspositionen in Unternehmen in den **Abteilungen Rechnungswesen, Controlling, Mergers & Acquisitions, Finanzen und Steuern**, also der ganzen Breite des Aufgabenbereichs eines Chief Financial Officers (CFO), daher auch die interne Namensgebung. Sie sind ebenso in der Lage, juristische Schnittstellen zu bedienen und kompetent in und mit der **Rechtsabteilung** zu arbeiten.

Die Studierenden erwerben außerdem die Kenntnisse und Fähigkeiten, die dem **Berufsprofil eines Wirtschaftsprüfers** entsprechen. Damit steht ihnen der Einstieg in die **Steuerberatung** und **Wirtschaftsprüfung**, **Unternehmens- und Sanierungsberatung** sowie **Insolvenzverwaltung** offen. Wir bereiten sie hierzu gezielt auf die Steuerberater- und Wirtschaftsprüferexamina vor (Näheres unter 2.4).

2.3 Konzeption und Studieninhalte

Der Masterstudiengang vertieft und erweitert ein wirtschaftswissenschaftliches, juristisches oder wirtschaftsjuristisches Erststudium (Staatsexamen, Bachelor oder Diplom), insbesondere in den Schwerpunkten Steuern, Prüfungswesen, externes Rechnungswesen, Controlling und Recht. Forschungsorientiert und dennoch praxisnah unterrichtet der Studiengang zudem hohe Kompetenzen in Corporate Finance, der Investitionsrechnung, der Unternehmensbewertung und im Risikomanagement.

Durch eine entsprechende Themenstellung in der Masterthesis können die Studierenden zwischen den Abschlussgraden M. Sc. oder LL. M. wählen.

2.4 Anrechnung von Studienleistungen nach § 13b WPO

Neben den wählbaren akademischen Abschlussgraden des M. Sc. und LL. M. bietet der Masterstudiengang parallel die Möglichkeit, später das Wirtschaftsprüfungs-Examen nach § 13b WPO verkürzt abzulegen. Durch Anrechnung von Prüfungsleistungen (reguläre Modulprüfungen im Studiengang) in den Prüfungsgebieten „Angewandte Betriebswirtschaftslehre/Volkswirtschaftslehre" und/oder „Wirtschaftsrecht" sowie zwei bzw. drei ergänzende, außercurriculare Prüfungen werden „automatisch" drei von sieben Klausuren bzw. zwei von vier Prüfungsgebieten des Wirtschaftsprüfungs-Examens in das Studium vorverlagert. Die Anrechnungsmöglichkeit der Studienleistungen im Wirtschaftsprüfungs-Examen wurde bislang für beide Bereiche für alle Jahrgänge durch die Wirtschaftsprüferkammer bestätigt.

2.5 Curriculum

Entsprechend der Prüfungsgebiete im Wirtschaftsprüfungs-Examen unterteilt sich das Curriculum von insgesamt 120 ECTS in die Bereiche Steuern (18 ECTS), Prüfungswesen (21 ECTS), BWL/VWL (33 ECTS) und Recht (30 ECTS). Die Masterthesis beläuft sich auf 18 ECTS. Die genauen Studieninhalte sowie der Studienverlaufsplan finden sich unter dem folgenden Link. https://www.th-koeln.de/studium/wirtschaftspruefung-steuern-recht-und-finanzen-master--studieninhalte_5621.php

2.6 Zulassungsbedingungen und Bewerbungsunterlagen

Zugelassen werden kann, wer einen wirtschaftswissenschaftlichen, juristischen oder wirtschaftsrechtlichen Hochschulabschluss (Bachelor mit mind. 180 ECTS) mit der Mindestnote 2,5 erworben hat. Die Bewerbung erfolgt ggf. mit einem aktuellen Zwischenzeugnis. Absolventinnen und Absolventen anderer Studiengänge können beim Nachweis der Einschlägigkeit der Studieninhalte in den rechtswissenschaftlichen und betriebswirtschaftlichen Fächern ebenfalls zum Studium zugelassen werden.

Für die Reihenfolge der Zulassung wird ein Ranking der Studienbewerber erstellt, das aus der Gesamtnote des Erstabschlusses und der Bewertung sonstiger Fähigkeiten und Kenntnisse erstellt wird. Dazu müssen in einer Anlage zur Bewerbung fachlich einschlägige Auslandsaufenthalte, einschlägige Praxiserfahrungen, namhafte Auszeichnungen, Preise und Stipendien sowie studienbegleitendes Engagement, Tätigkeiten als Tutor/-in, studentische Hilfskraft oder Ähnliches nachgewiesen werden. Das Bewerbungsportal hält hierzu ein Formular bereit.

3. Kooperationen

Im Studiengang arbeiten wir mit zahlreichen Steuerberatungs-, Wirtschaftsprüfungs- und Rechtsanwaltsgesellschaften zusammen. Sie führen Lehraufträge durch, unterstützen die Bearbeitung von Fallstudien, stellen Praktikumsplätze bereit oder betreuen kooperativ Masterarbeiten.

Daneben besteht an der Fakultät ein International Board of Advisors (IBoA), welches sich aus renommierten Persönlichkeiten führender internationaler Unternehmen verschiedenster Branchen und Hochschulen des In- und Auslands zusammensetzt.

4. Kontakt

Bewerbung und Information

Technische Hochschule Köln
Studienbüro GWZ

Besucheranschrift:

Claudiusstr. 1
50678 Köln

Postanschrift:

Gustav-Heinemann-Ufer 54
50968 Köln

Weitere Informationen und das Bewerbungsportal online:

http://th-koeln.de/studium/bewerbung-und-zulassung_205.php

http://th-koeln.de/studium/wirtschaftspruefung-steuern-recht-und-finanzen-master_4222.php

Studiengangsleiter

WP Prof. Dr. rer. pol. Sven Schäfer
Prof. Dr. iur. Volker Mayer
E-Mail: cfo-master@f04.th-koeln.de

Studiengangbetreuung

Dr. Steffen Wolfer, M. A.
Telefon: +49 221 8275-3422
E-Mail: cfo-master@f04.th-koeln.de

Duale Hochschule Baden-Württemberg – Center for Advanced Studies (DHBW CAS)

Master „Rechnungswesen Steuern Wirtschaftsrecht" (§ 13b WPO)

Herdweg 21, 70174 Stuttgart

Berufsintegriertes Studium – ein Vorteil des dualen Konzepts

Von StB Prof. Dr. Gerald Merkl und StB/WP Prof. Dr. Jan Breitweg, Wissenschaftliche Leitung des Masterstudienganges „Rechnungswesen Steuern Wirtschaftsrecht" an der Dualen Hochschule Baden-Württemberg

Porträt des CAS und der DHBW

Das Center for Advanced Studies (CAS) ist eine auf Masterprogramme und Weiterbildungsangebote spezialisierte Institution der Dualen Hochschule Baden-Württemberg (DHBW). Die DHBW ist die erste duale, praxisintegrierende Hochschule in Deutschland. Gegründet am 1. März 2009 führt sie das seit 40 Jahren erfolgreiche duale Prinzip der früheren Berufsakademie Baden-Württemberg fort.

An ihren neun Standorten und drei Campus bietet die DHBW in Kooperation mit rund 10.000 ausgewählten Unternehmen eine Vielzahl von national und international akkreditierten Bachelor- und Master-Studiengängen in den Bereichen „Wirtschaft", „Technik" und „Sozialwesen" an. Mit derzeit über 34.000 Studierenden und über 141.000 Alumni ist die DHBW die größte Hochschule in Baden-Württemberg.

Studieren ohne Karriereknick

Zentrales Merkmal der DHBW ist das Studium parallel zur beruflichen Tätigkeit sowie die enge Kooperation zwischen der Hochschule und ihren „Dualen Partnern". Eine akademische Weiterqualifizierung „on the Job", finanzielle Unabhängigkeit und ein berufsbegleitendes Masterprogramm: Genau das zeichnet die dualen, berufsintegrierenden Masterstudiengänge am Center for Advanced Studies (CAS) aus.

Im Studium wechseln sich die Präsenzphasen mit begleitetem Selbststudium ab. Die Präsenztage haben einen wichtigen Stellenwert: Sie ermöglichen den persönlichen Kontakt zu den Lehrenden und fördern den Austausch der Studierenden untereinander, die von anderen beruflichen Herausforderungen, Rahmenbedingungen, Prozessen und Strukturen berichten.

Master of Laws „Rechnungswesen Steuern Wirtschaftsrecht" (LL.M.) Konzeption und Zielsetzung

Das berufsintegrierende Konzept verknüpft theoretische Inhalte unmittelbar mit den praktischen Herausforderungen Ihres Berufsalltags. Fallgestaltungen und Problemstellungen Ihrer beruflichen Tätigkeit werden im Rahmen von Vorlesungen und wissenschaftlichen Arbeiten thematisiert und unter Anwendung wissenschaftlicher Theorien und Modelle gelöst. Zudem ist die berufliche Tätigkeit im Bereich der Steuerberatung/Wirtschaftsprüfung eine wichtige Voraussetzung für die Ablegung der Berufsexamina. Für eine optimale Prüfungsvorbereitung kooperiert das DHBW CAS mit der Steuerberaterkammer Stuttgart.

Die Konzeption des Studiums ermöglicht außergewöhnlich kurze Studienzeiten. Die Regelstudienzeit beträgt 2 Jahre. Das Studium umfasst 90 ECTS-Punkte. Optional kann das zweisemestrige Zertifikat ABWL/VWL mit 30 ECTS-Punkten vor, während oder nach dem Masterstudium belegt werden.

Mit dem Abschluss des Masters

- sind Sie optimal vorbereitet auf die unmittelbar im Anschluss abzulegende Steuerberaterprüfung.
- sind Sie berechtigt zur Bewerbung für ein Promotionsvorhaben.

- können Sie das Wirtschaftsprüferexamen in verkürzter Form ablegen: Die Prüfungsgebiete „ABWL/VWL" und „Wirtschaftsrecht" können gemäß § 13b WPO angerechnet werden.

Bei der Auswahl von Dozierenden legen wir besonders hohe Maßstäbe an. Neben ausgewiesenen Experten aus der Wissenschaft unterrichten besonders qualifizierte Praktiker, wodurch die Verknüpfung von Theorie und Praxis unterstützt wird. Durch kleine Studiengruppen ist eine individuelle Betreuung der Studierenden sichergestellt. Die enge Zusammenarbeit mit der Steuerberaterkammer Stuttgart sichert eine optimale Vorbereitung auf das direkt im Anschluss an das Studium zu absolvierende Steuerberater-Examen: Die Masterabsolventen/-innen haben das Berufsexamen in den letzten Jahren regelmäßig mit weit überdurchschnittlichen Ergebnissen bestanden.

Zulassungsvoraussetzungen

- ein mindestens sechssemestriges Hochschulstudium mit wirtschaftswissenschaftlichem/rechtswissenschaftlichem Schwerpunkt mit mindestens 180 ECTS-Punkten,
- das Bestehen der Zugangsprüfung,
- eine mindestens einjährige Berufserfahrung nach dem ersten Hochschulstudium und vor Beginn des Masters. Das Zertifikat ABWL/VWL kann unmittelbar nach dem Bachelor-Abschluss belegt werden,
- eine aktuelle und adäquate berufliche Tätigkeit. Das Arbeitsverhältnis der Studierenden muss mit einer Tätigkeit verbunden sein, die erwarten lässt, dass der Teilnehmer in seiner betrieblichen Verantwortung die Möglichkeit hat, die im Masterstudiengang erworbenen Kenntnisse in der Praxis zu erweitern, zu vertiefen und zu ergänzen. Die berufspraktischen Voraussetzungen für die Zulassung zur Steuerberaterprüfung nach § 36 StBerG sollten hierbei erfüllt werden.

Die Zugangsprüfung findet in der Regel einmal jährlich im Sommer statt und besteht aus aus einer Klausur bzw. einer Mündlichen Prüfung. Gegenstände der Zugangsprüfung für den Master sind die Gebiete „Wirtschaftsprivatrecht" und „Steuerlehre"; für das Zertifikat die Gebiete „Angewandte Betriebswirtschaftslehre und Volkswirtschaftslehre" sowie „Rechnungslegung".

Sind Sie bereits Steuerberater*in mit Hochschulabschluss? Dann haben Sie die Option auf einen um die Steuermodule reduzierten „fast track WP" im Master-Studiengang und können sich die Prüfungsleistungen in Wirtschaftsrecht sowie ABWL/VWL gem. § 13b WPO auf das WP-Examen anrechnen lassen.

Studiengebühren

Die Studiengebühren betragen 21.200 € inkl. Teilnahme an Intensivlehrgang, Prüfungssimulation und Kompakttage der Steuerberaterkammer Stuttgart. Sie sind zahlbar in Raten; zusätzlich fällt eine Gebühr für die Zugangsprüfung und die Immatrikulation an. Die Gebühr für das optionale Zertifikat „ABWL/VWL" beträgt 4.020 € (in Verbindung mit dem Masterstudium).

Im Vergleich zu einem Vollzeit-Masterstudium (mit Verdienstausfall) und unter Berücksichtigung, dass die Kosten für die Vorbereitung auf die Steuerberaterprüfung und Teile der Wirtschaftsprüferprüfung nicht noch zusätzlich bezahlt werden müssen, ist das von der DHBW angebotene Studienmodell jedoch noch immer eine kostengünstige Alternative.

Studienorganisation/Workload

Der Master ist berufsbegleitend mit einer Regeldauer von vier Semestern konzipiert. Mit einem Workload von 2.700 Stunden (750 Unterrichtseinheiten) werden bei erfolgreichem Abschluss 90 Kreditpunkte nach ECTS erworben. Wir empfehlen die Reduktion der Arbeitszeit auf 80% und eine Freistellung im 4. Semester.

Das Zertifikat ABWL/VWL mit 30 ECTS kann über zwei Semester optional belegt werden. Wird das Zertifikat vor dem Masterstudium belegt, kann es mit einer vollen Berufstätigkeit kombiniert werden. Bei der Belegung parallel zum 1./2. Semester des Masterstudiums, empfehlen wir dringend eine Reduzierung der Berufstätigkeit auf durchschnittlich 24 Wochenstunden.

Präsenzzeiten

Das berufsbegleitende Studienkonzept nimmt Rücksicht auf die berufliche Tätigkeit der Studierenden. Die Präsenzvorlesungen finden überwiegend an Wochenenden (Freitag, Samstag) statt. Auf besondere berufliche Belastungszeiten im Jahr wird bei der Studienplanung Rücksicht genommen. Vorlesungsorte sind standortübergreifend das CAS Heilbronn und die DHBW Stuttgart.

Bei der Konzeption des Zeitplans wurde darauf geachtet, dass die berufspraktischen Zeiten nach § 36 StBerG erfüllt werden können.

Kontakt und weitere Informationen

Rückfragen richten Sie bitte an Prof. Dr. Gerald Merkl,
(rsw.master@cas.dhbw.de)
und besuchen Sie unsere Homepage: http://www.cas.dhbw.de/steuern/

Universität Ulm

Bachelor of Science (B. Sc.) (§ 13b WPO)

Universität Ulm, 89081 Ulm

Bachelorstudiengang „Wirtschaftswissenschaften" nach § 13b WPO

Von Professor Dr. Kai-Uwe Marten

1. Einleitung

Der Ausbildungsweg zum Beruf der Wirtschaftsprüfer:innen wurde im Zuge des Wirtschaftsprüfungsexamens-Reformgesetzes (WPRefG) vom 1. Januar 2004 reformiert. Durch die Aufnahme der §§ 8a und 13b in die WPO wurden neue Zugangswege zum Beruf der Wirtschaftsprüfer:innen eingerichtet, um unter anderem den im internationalen Vergleich verhältnismäßig langen Weg zum Berufsexamen zu verkürzen und die Attraktivität des Berufs für qualifizierte Nachwuchskräfte langfristig zu steigern.

Die Universität Ulm bietet mit der hervorragenden Zusatzqualifikation des sogenannten 13b-Bachelors für Studierende die Möglichkeit, bereits Leistungen aus dem Bachelorstudium auf das Wirtschaftsprüfungsexamen anzurechnen. Die Bachelorstudierenden richten somit ihr Studium bereits frühzeitig auf die Qualifizierung für den Beruf der Wirtschaftsprüfer:innen aus und haben dann später die Möglichkeit, das Wirtschaftsprüfungsexamen in verkürzter Form abzulegen.

2. 13b-Bachelor

2.1 Zur Universität Ulm

Die verkehrsgünstig zwischen den Großstädten Stuttgart und München liegende Universität Ulm wurde im Jahr 1967 als Medizinisch-naturwissenschaftliche Hochschule gegründet. Im Laufe der Jahre kamen die Fakultäten für „Ingenieurwissenschaften, Informatik und Psychologie" sowie „Mathematik und Wirtschaftswissenschaften" hinzu. An den vier Fakultäten sind heute insgesamt rund 10.500 Studierende immatrikuliert.

Die Universität Ulm zeichnet sich insbesondere durch interdisziplinär ausgestaltete Studienkonzepte, eine intensive Betreuung der Studierenden sowie ein hohes Engagement des gesamten Lehrkörpers aus. Neben der Lehre auf höchstem Niveau steht die Förderung zukunftsorientierter und innovativer Forschungsprojekte im Fokus der Universität Ulm. Außerdem wird den Studierenden durch attraktive Austauschprogramme und englischsprachige Masterstudiengänge eine internationale Ausrichtung ermöglicht.

Neben einer fundierten fachlichen und interdisziplinären Ausbildung bietet der Studienstandort Ulm ein Umfeld mit hoher Lebensqualität. Die unmittelbare Nähe zur Schwäbischen Alb, zum Allgäu und zum Bodensee eröffnet vielfältige Möglichkeiten zur Erholung und Freizeitgestaltung. Gleichzeitig zeichnen sich die Lebenshaltungskosten in Ulm durch ein vergleichsweise günstiges Niveau aus.

2.2 Konzept und Studienverlauf des 13b-Bachelors

Die Möglichkeit zur Erbringung von Studienleistungen für das Wirtschaftsprüfungsexamen besteht an der Universität Ulm im Rahmen des regulären Bachelorstudiengangs „Wirtschaftswissenschaften". Demnach hat auch für das 13b-Studienprogramm eine Immatrikulation für den Bachelorstudiengang „Wirtschaftswissenschaften" zu erfolgen. Die interessierten Studierenden entscheiden sich am Ende des dritten Fachsemesters unverbindlich, ihr Studium nach den Vorgaben des 13b-Programms weiterzuführen. Im Rahmen der Zusatzqualifikation wird den Studierenden hierbei eine intensive Betreuung angeboten. Außerdem haben die Studierenden jederzeit die Flexibilität, ihr Studium im regulären Bachelor-Programm weiterzuführen.

Nach der Entscheidung für das 13b-Programm wählen die teilnehmenden Studierenden im vierten Semester die Vertiefung „Rechnungswesen und Wirtschaftsprüfung“, welche Voraussetzung für das Ablegen der relevanten Hochschulprüfungen ist. Neben den regulären Lehrveranstaltungen im Bachelorstudium müssen durch die Studierenden zusätzliche Studienleistungen erbracht werden. Vor diesem Hintergrund ist im 13b-Bachelor von einer siebensemestrigen Studiendauer auszugehen. Dies stellt jedoch keine Vorgabe dar; das Studium kann selbstverständlich auch zügiger absolviert werden.

Das Wirtschaftsprüfungsexamen kann durch einen erfolgreichen Abschluss des vollumfänglichen 13b-Studienprogramms später um die Prüfungsgebiete „Angewandte Betriebswirtschaftslehre, Volkswirtschaftslehre“ und „Wirtschaftsrecht“ verkürzt werden. Im Wirtschaftsprüfungsexamen entfallen hierdurch insgesamt drei von sieben Klausuren. Diese Verkürzungsmöglichkeit ist nach Abschluss des Bachelorstudiums für acht Jahre gegeben. Alternativ kann der Studienplan auch so zusammengestellt werden, dass die Hochschulleistungen nur für eines der beiden Prüfungsgebiete anrechenbar sind. Der auf der nachfolgenden Seite dargestellte Studienplan zeigt alle Lehrveranstaltungen des 13b-Bachelorprogramms auf, die bei Anrechnung der Studienleistungen für beide Prüfungsgebiete absolviert werden müssen.

2.3 Kooperationen mit Wirtschaftsprüfungsgesellschaften

Das 13b-Bachelorprogramm an der Universität Ulm erfreut sich bei Wirtschaftsprüfungsgesellschaften aller Größenklassen einer sehr positiven Resonanz. So wurden 27 regionale und überregionale Fördergesellschaften für die 13b-Zusatzqualifikation gewonnen. Hierdurch erhalten die Studierenden im 13b-Bachelor neben einer herausragenden Förderung frühzeitig die Möglichkeit, Kontakte zur Praxis zu knüpfen.

Um den Studierenden einen tiefergreifenden Einblick in die praktische Tätigkeit des Berufs der Wirtschaftsprüfer:innen zu geben und deren theoretisches Wissen durch praktische Erfahrungen zu vertiefen, werden regelmäßig Fallstudien, Exkursionen und Vortragsveranstaltungen angeboten.

Selbstverständlich werden die Studierenden des 13b-Bachelors bei der Bewerbung um Praktikumsstellen unterstützt. Oftmals wird der Kontakt zwischen Studierenden und Gesellschaft über das Praktikum hinaus aufrechterhalten, sodass die Möglichkeit einer langfristigen Zusammenarbeit besteht. Auch der Einstieg ins Berufsleben wird gezielt unterstützt.

	1. Semester	2. Semester	3. Semester	4. Semester	5. Semester	6. Semester	7. Semester
BWL	Grundlagen der BWL 6 LP	Externes Rechnungswesen 6 LP	Internes Rechnungswesen und Investition 6 LP	Projektkurs Data Science & Business Analytics 10 LP Finanzierung 6 LP Grundlagen des Controlling 6 LP	Wahlpflichtfach BWL[1] 3 LP	Corporate Strategy 7 LP	Business Unit Strategy and Corporate Finance 6 LP
VWL	Grundlagen der VWL 6 LP	Mikroökonomik 6 LP	Makroökonomik 6 LP			Wirtschaftspolitik 6 LP	Wahlpflichtfach VWL 6 LP
Mathematik/ Statistik	Mathematik für Wirtschaftswissenschaftler 6 LP	Weiterführende Mathematik und Statistik für Wirtschaftswissenschaftler 9 LP	Wirtschaftsstatistik und Ökonometrie 9 LP				
Informatik	Datenbanken und Informationsanalytik 8 LP	Einführung in die Informatik I – Grundlagen 6 LP					
Recht	Grundzüge des Bürgerlichen Rechts 6 LP			Handelsrecht 3 LP Deutsches, Europäisches und Internationales Unternehmensrecht[2] 6 LP + 6 LP	Personengesellschafts- und Insolvenzrecht 3 LP	Vertiefungsvorlesung im Bürgerlichen Recht 2 LP	
Profil (Rechnungswesen und Wirtschaftsprüfung)[3]				Grundlagen der Jahresabschlusserstellung 7 LP	Angewandte Kostenrechnung 3 LP Spezialfragen der Abschlusserstellung 6 LP Grundfragen der Corporate Governance 3 LP Wahlpflichtfach[4] 3 LP	Valuation 4 LP	
Weitere Leistungen			English for Special Purposes: WiWi 3 LP	Praktikum 10 LP ASQ 3 LP	Seminar 4 LP	Seminar 4 LP	Bachelorarbeit 12 LP
LP (gesamt: 212)	29	30	29	30 (+11)	25 (+11)	23	24

[1] Das Wahlpflichtfach BWL muss aus dem Bereich der „Angewandten BWL" stammen.
[2] Die Veranstaltung findet während der vorlesungsfreien Zeit in Form von zwei Blockveranstaltungen mit jeweils zwei Präsenzwochen statt.
[3] Es wird zudem empfohlen, die Lehrveranstaltung „Grundzüge des Steuerrechts" zu absolvieren.
[4] Es wird empfohlen, eine Lehrveranstaltung zum Gebiet Wirtschaftsprüfung zu wählen.
[5] Es wird empfohlen, das Berufspraktikum während der vorlesungsfreien Zeit zu absolvieren.
[6] Je nach Art des gewählten Moduls (Inhalte und erforderliche Vorkenntnisse) bietet es sich ggf. an, dieses bereits in früheren Semestern zu belegen.

2.4 Resonanz durch die Studierenden

Die Resonanz der bisherigen Studierenden ist sehr positiv, sodass sich etwa ein Fünftel der Studierenden eines jeden Jahrgangs für das 13b-Angebot entscheidet. Mittlerweile absolviert bereits der siebzehnte Jahrgang den 13b-Bachelor; der Zuspruch der Studierenden ist unverändert hoch.

Sina Özkaya, 13b-Studentin im 6. Semester, berichtet über ihre Erfahrungen im 13b-Bachelor:

Mein Bachelorstudium im Bereich Wirtschaftswissenschaften habe ich im Oktober 2022 begonnen und mich von Anfang an für Themenbereiche aus der BWL interessiert. Im Rahmen einer § 13b-Infoveranstaltung im dritten Semester wurde mir immer klarer, dass ich mich in diesem Bereich weiter vertiefen möchte. Dort wurde ich erstmals auf den Beruf der Wirtschaftsprüfer:innen aufmerksam. Bei dieser Schwerpunktveranstaltung waren sowohl Professor:innen als auch Vertreter:innen verschiedener Wirtschaftsprüfungsgesellschaften anwesend, die über ihre beruflichen Erfahrungen und das Berufsbild der Wirtschaftsprüfer:innen berichteten.

Mein Interesse im Fachgebiet Rechnungswesen und Wirtschaftsprüfung wurde durch diese Eindrücke weiter gestärkt, insbesondere durch die Möglichkeit, bereits während des Studiums zwei der vier Prüfungsgebiete des Wirtschaftsprüfungsexamens abzulegen. Die Anrechnungsmöglichkeiten bestehen an der Universität Ulm in den Prüfungsgebieten „Angewandte Betriebswirtschaftslehre, Volkswirtschaftslehre“ sowie „Wirtschaftsrecht“.

Der Erwerb dieser Zusatzqualifikation erfordert einen gewissen Mehraufwand – insbesondere im Bereich Wirtschaftsrecht. Die entsprechenden Blockveranstaltungen finden größtenteils in der vorlesungsfreien Zeit statt und werden zusätzlich zu den regulären Prüfungen absolviert. Dieser zusätzliche Einsatz zahlt sich jedoch eindeutig aus, da der 13b-Bachelor in der Praxis sehr positiv aufgenommen wird. Auch der starke Zusammenhalt unter den Kommilitoninnen und Kommilitonen wirkt dabei äußerst motivierend.

Besonders hilfreich ist die Flexibilität in der Studiengestaltung: Es besteht jederzeit die Möglichkeit, die Studiendauer zu verlängern, um individuellen Freiraum zu schaffen und den Studienverlauf an die eigenen Bedürfnisse anzupassen. Zudem gibt es die Option, das Masterstudium zu verkürzen, da im Rahmen des § 13b-Bachelors sogenannte Zusatzmodule absolviert werden, die später auf ein Masterstudium an der Universität Ulm angerechnet werden können. Ob man im Anschluss an den Bachelor noch ein Masterstudium anstrebt, ist selbstverständlich typabhängig. In meinem Fall plane ich derzeit keinen Master, schließe diese Option jedoch nicht aus – und genau diese Flexibilität schätze ich besonders. Wird der Master an der Universität Ulm absolviert, kann die für die Zulassung zum WP-Examen erforderliche Praxiszeit als Prüfungsassistent:in sogar von vier auf drei Jahre verkürzt werden.

Ein besonderes Merkmal des § 13b-Bachelors an der Universität Ulm ist die hervorragende Betreuung durch das Institut für Rechnungswesen und Wirtschaftsprüfung. Durch regelmäßige E-Mails und individuell planbare Treffen mit den Ansprechpartner:innen bleibt man stets gut informiert und kann persönliche Anliegen oder den Studienverlauf gezielt besprechen.

Ein weiterer wichtiger Aspekt im § 13b-Studium ist der Praxisbezug durch zahlreiche Veranstaltungen, Fallstudien und Workshops. Diese bieten die Möglichkeit, frühzeitig wertvolle Kontakte zu Wirtschaftsprüfungsgesellschaften zu knüpfen – ein klarer Vorteil bei der Suche nach Praktikumsplätzen oder dem Berufseinstieg. So konnte ich beispielsweise über die vom Institut für Rechnungswesen und Wirtschaftsprüfung organisierte Job- und Praktikumsbörse unkompliziert einen Praktikumsplatz bei einer mittelständischen Wirtschaftsprüfungsgesellschaft finden.

Von Vertreter:innen dieser Gesellschaften habe ich mehrfach das Feedback erhalten, dass sich der zusätzliche Aufwand im Studium lohnt und in der Praxis sehr geschätzt wird. Das erworbene Zusatzwissen verschafft Absolvent:innen mit dieser Qualifikation einen klaren Vorteil – sowohl während des Praktikums als auch beim Berufseinstieg.

3. Wirtschaftswissenschaften an der Universität Ulm

3.1 Entwicklung des Studiengangs

Der Diplomstudiengang „Wirtschaftswissenschaften" wurde an der Universität Ulm im Jahr 1999 eingerichtet. Im Rahmen der Umsetzung des Bologna-Prozesses wurde der Diplomstudiengang zum Wintersemester 2007/2008 durch einen konsekutiven und vollumfänglich akkreditierten Bachelor- und Masterstudiengang abgelöst. Derzeit lehren im Studiengang „Wirtschaftswissenschaften" insgesamt 17 hauptamtliche Professor:innen an zehn Instituten. Zusätzlich unterstützen praxisorientierte Lehrbeauftragte die Lehre.

Das Studium beginnt jeweils zum Wintersemester. Die Online-Einschreibung ist ab dem 1. Juli möglich. Die Studierenden erlangen mit erfolgreichem Abschluss des Studiums einen Bachelor of Science (B. Sc.).

Weitere Informationen zum Bachelorstudiengang „Wirtschaftswissenschaften" finden sich im Internet unter https://www.uni-ulm.de/mawi/mathematik-und-wirtschaftswissenschaften/studium-und-lehre/studiengaenge/b-sc-wirtschafts wissenschaften/

3.2 Wesentliche Fakten zum regulären Bachelorstudiengang „Wirtschaftswissenschaften"

Der Studiengang „Wirtschaftswissenschaften" zeichnet sich durch ein quantitatives Profil aus. Dieses spiegelt sich in der Lehre und den angebotenen Vertiefungsfächern („Business Analytics", „Economics", „Finanz- und Versicherungswirtschaft", „Rechnungswesen und Wirtschaftsprüfung", „Informatik" oder „Unternehmensführung und Controlling") wider und bringt die spezifischen Stärken der Fakultät für Mathematik und Wirtschaftswissenschaften, an welcher der Studiengang verankert ist, in Forschung und Lehre zur Geltung. Den Studierenden wird eine methodenorientierte Ausbildung geboten.

Vor dem Hintergrund der Digitalisierung u. a. der Geschäftsprozesse in den Unternehmen erfolgte im Jahr 2022 eine Umgestaltung des Studiengangs, um den Studierenden eine zeitgemäße Ausbildung zu bieten. Die Kerndisziplinen der Wirtschaftswissenschaften bilden weiterhin die Lehrveranstaltungen der Betriebs- und Volkswirtschaftslehre. Ein besonderer Fokus des Bachelorstudiums liegt auf den Bereichen Data Science und Business Analytics. Die Vermittlung eines fundierten Verständnisses für die Methoden der Informatik stellt hierbei einen elementaren Bestandteil dar und ist somit Pflichtbestandteil des Studienplans. Durch die zusätzliche Vermittlung mathematischer Kenntnisse werden neben reinem Methodenwissen insbesondere analytisches Denken und das strukturierte Lösen von Problemen trainiert. Aufgrund der zunehmenden Bedeutung juristischer Fragestellungen in den Wirtschaftswissenschaften werden den Studierenden zusätzlich Kenntnisse im Bereich Wirtschaftsrecht vermittelt. Mit Blick auf die Internationalisierung der Wirtschaft runden englischsprachige Lehrveranstaltungen das Studium ab.

4. Zusammengefasst – Chancen der 13b-Studierenden

Der 13b-Bachelor ermöglicht den Studierenden, sich im Rahmen des Studiums zielorientiert auf das Berufsbild der Wirtschaftsprüfer:innen auszurichten. Die Studierenden können Prüfungsleistungen für das Wirtschaftsprüfungsexamen bereits im Bachelorstudium absolvieren, sodass das Berufsexamen später einmal in verkürzter Form abgelegt werden kann. Dies spart den Berufsanwärter:innen nicht nur Zeit, sondern vermindert auch die starke Doppelbelastung, die auf die zukünftigen Examenskandidaten zukommt, wenn die praktische Berufstätigkeit sowie die Examensvorbereitung parallel erfolgen müssen. Da die Erlangung der Anrechnungsmöglichkeit im Rahmen des regulären Studiums erfolgt, entstehen den Studierenden keine zusätzlichen Kosten. Die exklusive Förderung des Studiums durch zahlreiche Wirtschaftsprüfungsgesellschaften verschiedener Größenklassen ermöglicht es den Studierenden, bereits frühzeitig Kontakte zur Praxis zu knüpfen. Der 13b-Bachelor bietet für die Studierenden eine interessante Chance zur herausragenden Qualifizierung bereits im ersten Studienabschnitt bei gleichzeitiger Gewissheit und Flexibilität, das Studium jederzeit regulär weiterführen zu können.

Anschrift und Kontaktperson:

Universität Ulm
Fakultät für Mathematik und Wirtschaftswissenschaften
Institut für Rechnungswesen und Wirtschaftsprüfung
Helmholtzstraße 20, 89081 Ulm

Professor Dr. Kai-Uwe Marten (Programmdirektor 13b-Bachelor)

E-Mail: kontakt@13b-bachelor.de
Internet: www.13b-bachelor.de
Tel.: +49 731 50-33012
Instagram: wirtschaftspruefung_und_mehr

Teil 2

Checkliste für den Weg zum Wirtschaftsprüfer

Von Dr. jur. Peter Abels, Diplom-Psychologe, Köln

Dr. jur. Peter Abels, Diplom-Psychologe, ist Gesellschafter der Deutschen Akademie für Steuern, Recht & Wirtschaft eGbR. Bekannt ist das Unternehmen als Abels Kallwass Stitz oder AKS, die seit mehr als 50 Jahren mit Lehrgängen und Trainings auf das WP-Examen vorbereitet. Er ist Gründungsmitglied der Kanzlei ADKL Abels Decker Kuhfuß & Partner mbB und Aufsichtsratsvorsitzender der ADKL AG Wirtschaftsprüfungsgesellschaft. Seit vielen Jahren ist Dr. Abels als Repetitor und Dozent im Fach Wirtschaftsrecht tätig.

Die Deutsche Akademie begleitet seit mehr als 50 Jahren jährlich Hunderte von Kandidaten auf deren Weg zum erfolgreichen WP-Examen (www.aks-online.de). Für alle Module bietet AKS Lehrgänge und Trainings an, die flexibel für jeden Prüfungstermin miteinander kombiniert werden können. Im „modularen AKS-System" können sich Teilnehmende ein individuelles Vorbereitungsprogramm zusammenstellen.

Mögliche Änderungen durch die Umsetzung der Nachhaltigkeitsrichtlinie

Mit der Umsetzung der CSRD in deutsches Recht werden künftig deutlich mehr Unternehmen verpflichtet, Nachhaltigkeitsberichte aufzustellen und prüfen zu lassen. Der bisherige Gesetzesentwurf sah vor, dass nur Wirtschaftsprüfer Nachhaltigkeitsberichte prüfen dürfen. Voraussetzung ist dabei, dass sie sich hierzu gesondert registrieren lassen.

Für WP, die bis zum 1.1.2024 bestellt wurden, und für WP-Kandidaten, die sich zum 1.1.2024 im Examensprozess befanden und sich zum 1.1.2026 bestellen lassen, setzt die Registrierung voraus, dass sie sich zu Nachhaltigkeitsthemen fortbilden müssen.

Die Fortbildungen müssen inhaltlich alle in § 24b WiPrPrüfV-E aufgeführten Inhalte angemessen abdecken und einen Umfang von mindestens 40 Stunden haben. Fortbildungen nach dieser sog. Grandfather-Regel bietet AKS ebenfalls an.

Möglicherweise wird der bisherige Gesetzesentwurf nach dem Regierungswechsel in Berlin noch einmal gänzlich überarbeitet. Bislang war vorgesehen, dass künftige Examenskandidaten zur Registrierung als Nachhaltigkeitsprüfer eine zusätzliche Prüfung ablegen – entweder als optionales fünftes Modul im WP-Examen oder nach dem WP-Examen als gesonderte Prüfung.

Angedacht ist eine Prüfung mit zwei Aufsichtsarbeiten und eine mündliche Prüfung. Zudem soll für die Registrierung eine praktische Tätigkeit von mindestens acht Monaten nachgewiesen werden. Die Tätigkeit muss die Bestätigung von Nachhaltigkeitsberichterstattungen oder andere nachhaltigkeitsbezogene Leistungen umfassen.

Der Gesetzentwurf ist noch umstritten. Auch das IDW hat sich in Teilen gegen diesen Entwurf ausgesprochen. Welche Auswirkungen die Umsetzung der CSRD auf das WP-Examen hat, wird sich also erst mit dem finalen Gesetz zeigen. Unabhängig davon steht schon heute fest, dass die Beurteilung von Nachhaltigkeitsinformationen ein wesentliches Tätigkeitsfeld des WP sein wird.

Berufsziel Wirtschaftsprüfer: Darauf kommt es an.

Die langjährige Erfahrung der Akademie bildet die Grundlage für die nachfolgende Checkliste, die wesentliche Aspekte rund um das WP-Examen beinhaltet. Sie gibt Antworten auf die häufigsten Fragen, die in diesem Zusammenhang gestellt werden.

1. Die Planungsphase
2. Die Lernphase
3. Die Examensphase

1. Die Planungsphase

Mit dem Entschluss, WP zu werden, haben Sie sich ein lohnenswertes Ziel gesetzt. Seit der Modularisierung des WP-Examens im Jahr 2018 ist dieses Ziel wesentlich einfacher zu erreichen. Zugunsten einer individuellen und flexiblen Examensgestaltung ist es möglich, die einzelnen Modulprüfungen in den relevanten Fachgebieten nach Belieben

- entweder in einem Prüfungstermin zu absolvieren oder
- auf mehrere Prüfungstermine zu verteilen.

Im Zeitraum von 6 Jahren müssen alle erforderlichen Modulprüfungen bestanden sein. Innerhalb dieses Zeitraums bleiben einmal bestandene Modulprüfungen bestanden, jede Modulprüfung kann zweimal wiederholt werden.

In einem ersten Schritt sollten Sie die formellen Voraussetzungen sowie die Rahmenbedingungen klären:

☑ Die Zulassungsvoraussetzungen

Die Zulassung zur Prüfung setzt nach § 8 WPO eine bestimmte Vorbildung und nach § 9 WPO eine für die Ausübung des Berufes genügende praktische Ausbildung voraus (dazu die folgende Abbildung).

! Empfehlung: Ausführliche Informationen über die Zulassungsvoraussetzungen finden Sie im „Merkblatt der Wirtschaftsprüferkammer für die Prüfung als Wirtschaftsprüfer“ auf der Homepage www.wpk.de.

In den Modulen BWL, WiRe und StR gilt seit dem 1. August 2021 eine Erleichterung: In diesen Modulen können Prüfungen abgelegt werden, auch wenn die erforderliche praktische und Prüfertätigkeit noch nicht vollständig

	mit Hochschulstudium		ohne Hochschulstudium		
Berufliche Qualifikation	mindestens 8 Semester	weniger als 8 Semester	nicht Steuerberater/ vereidigter Buchprüfer	Steuerberater, vereidigter Buchprüfer	Steuerberater, vereidigter Buchprüfer
Zeitliche Voraussetzungen	3-jährige*	4-jährige*	10-jährige	5-jährige	15-jährige
	praktische Tätigkeit bei WP, WPG, vBP, BPG oder sonstiger Prüfungseinrichtung			Berufsausübung als Steuerberater/ vereidigter Buchprüfer	
	davon mindestens 53 Wochen überwiegend Teilnahme an Abschlussprüfungen und Mitwirkung bei der Abfassung der Prüfungsberichte (Prüfungstätigkeit)				

* Bis zur Höchstdauer von einem Jahr kann auf diese drei- bzw. vierjährige Tätigkeit eine Revisorentätigkeit in größeren Unternehmen oder eine Tätigkeit als Steuerberater oder eine Tätigkeit in einem Prüfungsverband nach § 26 Abs. 2 des Kreditwesengesetzes oder eine mit der Prüfungstätigkeit im Zusammenhang stehende Tätigkeit bei der Wirtschaftsprüferkammer oder bei einer Personenvereinigung nach § 43a Abs. 4 Nr. 4 WPO angerechnet werden.

erfüllt ist. Diese vorgezogene Zulassung erfordert eine praktische Tätigkeit von mindestens sechs Monaten.

☑ Der Umfang des WP-Examens

Im modularisierten WP-Examens können Sie frei entscheiden, welche Module Sie in den jeweiligen Prüfungsterminen absolvieren möchten. Wie viele Module Sie insgesamt für Ihr WP-Examen bestehen müssen, ist abhängig von Ihren Vorleistungen und Vorkenntnissen (dazu die Abbildung unten):

! Empfehlung: Ausführliche Informationen finden Sie im „Merkblatt der Wirtschaftsprüferkammer für die Prüfung als Wirtschaftsprüfer" auf der Homepage www.wpk.de.

☑ Zeitbedarf

Wie viel Zeit Sie sich für die Vorbereitung auf das WP-Examen nehmen und wie Sie die Modulprüfungen verteilen, können Sie im modularisierten WP-Examen frei bestimmen. Sie können sich für alle Module in einem Prüfungstermin anmelden. Oder Sie splitten die Module auf mehrere Prüfungstermine auf.

Diese Entscheidung sollten Sie von Ihren persönlichen beruflichen und privaten Rahmenbedingungen abhängig machen. Bis alle relevanten Modulprüfun-

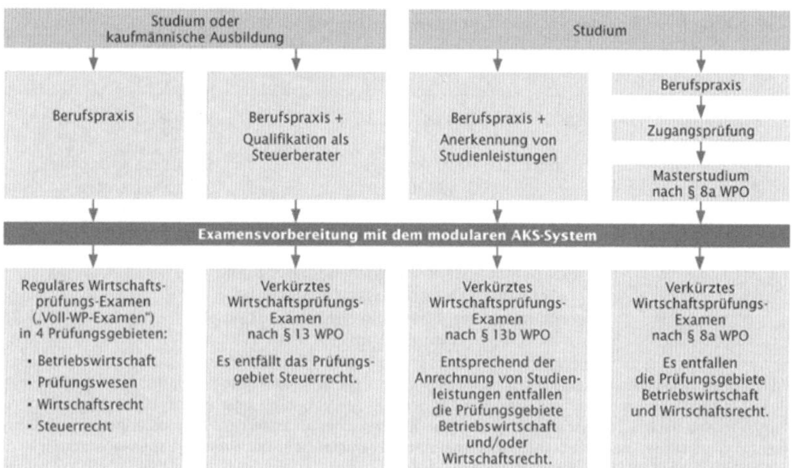

gen bestanden sind (und damit das WP-Examen insgesamt bestanden ist), können Sie sich laut Prüfungsverordnung 6 Jahre Zeit nehmen.

Da im modularisierten WP-Examen die einmal bestandenen Modulprüfungen erhalten bleiben und jede nicht bestandene Modulprüfung zweimal wiederholt werden kann, empfiehlt es sich grundsätzlich, sich auf bis zu 3 Module gleichzeitig vorzubereiten. Diese Empfehlung gilt für Kandidaten, die ein verkürztes WP-Examen ablegen. Falls Sie ein Voll-WP-Examen mit 4 Modulen ablegen müssen, ist ein Split auf 2 Prüfungstermine grundsätzlich empfehlenswert.

! Empfehlung: Achten Sie darauf, dass Ihre Zeitplanung realistisch ist: Klären Sie rechtzeitig im Vorfeld Ihre beruflichen und privaten Rahmenbedingungen.

☑ **Angestrebter Examenszeitpunkt**

Die Examensprüfung als Wirtschaftsprüfer wird zweimal jährlich durchgeführt. In einem ersten Schritt müssen Sie sich entscheiden, ob Sie Ihr Examen zum

? Prüfungstermin I
- schriftliche Modulprüfungen im Februar
- mündliche Modulprüfungen ab Mai

oder

? Prüfungstermin II
- schriftliche Modulprüfungen im August
  Alternativ: im Juni zusätzlicher Klausurtermin für die Module BWL und WiRe
- mündliche Modulprüfungen ab November

absolvieren möchten.

Alle Termine können Sie modulweise kombinieren. Dafür eignen sich bestimmte Modulpaarungen wie beispielsweise Prüfungswesen und Betriebswirtschaft einerseits sowie Wirtschaftsrecht und Steuerrecht andererseits. Bitte achten Sie bei Ihrer Planung in jedem Fall darauf, dass sich Prüfungs- und Vorbereitungszeiträume nicht überschneiden.

! Empfehlung: Entscheiden Sie sich für eine Prüfungsterminkonstellation, die Ihrer persönlichen Lebens- und Berufssituation am ehesten entgegenkommt. Lassen Sie sich hierzu am besten individuell von Ihrem Anbieter beraten.

☑ **Lerntyp**

Der überwiegende Teil der Examenskandidaten bereitet sich mit einem Weiterbildungsträger auf das WP-Examen vor.

Wichtig ist, dass Sie die für Sie optimale Form entsprechend der von Ihnen bevorzugten Form des Lernens finden:

? Eigene, unabhängige Vorbereitung

? Vorbereitung im Fernlehrgang

? Vorbereitung im Online- und/oder Präsenzlehrgang

  ! Empfehlung: Beachten Sie, dass Sie ohne Unterstützung durch einen Weiterbildungsträger eine sehr hohe Eigenmotivation und Disziplin aufbringen müssen.

  ! Unbedingt empfehlenswert ist das Lernen in einer Arbeitsgruppe.

☑ **Die Wahl des passenden Lehrgangsanbieters**

Es gibt einige Anbieter, die sich auf die Vorbereitung für das WP-Examen spezialisiert haben. Im Idealfall machen Sie sich ein eigenes Bild von den Unternehmen. Vergleichen Sie:

- Die Trainings- und Lehrgangsangebote
  ? Passgenauigkeit für Ihre modularen Examenspläne
  ? Umfassendes, aufeinander abgestimmtes Angebot für alle Lernphasen
  ? Flexibilität und Kombinierbarkeit Ihren Wünschen und Bedürfnissen entsprechend
  ? Einbindung aller Seminare und Lehrgangsformen in ein didaktisches Gesamtkonzept
- Die Lehrgangsmaterialien
  ? Didaktisches Konzept
  ? Aufbereitung der Unterlagen anhand lernpsychologischer Grundsätze
    ! Empfehlung: Alle Unterlagen für die relevanten Module sollten in einem Gesamtpaket bereitgestellt werden, damit Sie die Möglichkeit haben, Bezüge zwischen einzelnen Themen herzustellen und nach freier Zeiteinteilung zu arbeiten.

  - ? Gesamtumfang der Materialien
    - ! Empfehlung: Achten Sie darauf, dass die Unterlagen für Sie vorselektiert werden, damit Sie nur das lesen und lernen müssen, was für Sie relevant ist. Motto: So viel wie nötig, so wenig wie möglich!
  - ? Aktualität über den gesamten Vorbereitungszeitraum
    - ! Empfehlung: Achten Sie darauf, dass Aktualisierungen des Lehrmaterials gut aufbereitet sind, Sie also Veränderungen auf einen Blick erkennen können. Überprüfen Sie rechtzeitig, ob die Aktualisierungen auch über einen längeren Vorbereitungszeitraum bereitgestellt werden und im Preis enthalten sind. Gerade, wenn Sie sich längerfristiger vorbereiten wollen oder Sie ggfs. ein Modul wiederholen müssen, kann dieser Punkt sehr wichtig sein.
  - ? Online-Verfügbarkeit der Materialien
    - ! Empfehlung: Fragen Sie nach Leseproben und prüfen Sie, ob die Materialien so aufbereitet sind, dass Sie optimal damit lernen können.
- Die Online-/Präsenzveranstaltungen
  - ? Vernetzung von Fernlehrgang, Lehrmaterial und Online-/Präsenzveranstaltungen
  - ? Didaktisches und lernpsychologisches Konzept für die Präsentation und Vermittlung der Lerninhalte
    - ! Empfehlung: Je interaktiver, desto leichter können Lerninhalte verinnerlicht werden. Hybride Veranstaltungen (Präsenz + Online) sowie reine Aufzeichnungen erschweren das Lernen.
    - ! Empfehlung: Bei den meisten Anbietern können Sie unverbindlich probehören. Verschaffen Sie sich einen eigenen Eindruck: Das Lernen in den Online-/Präsenzveranstaltungen sollte nicht nur sehr effektiv sein, sondern auch Spaß machen!
  - ? Dauer der Veranstaltungstage
    - ! Empfehlung: Die einzelnen Lehrgangstage sollten nicht länger als sechs Stunden dauern. Die Aufnahme von neuen, komplexen Lerninhalten ist nach längerer Zeit kaum noch möglich.
- Die Repetitoren und Dozenten
  - ? Fachliche Qualifikation
  - ? Didaktische Fähigkeiten und Vermittlungskompetenz
  - ? Aktuelle Praxiserfahrung im Lehrfach

- Das Klausurtraining
  - ? Beinhaltet der Fernlehrgang ein integriertes Klausurtraining?
  - ? Sind die Klausuren in unterschiedlichen Schwierigkeitsgraden verfügbar?
  - ? Wie viele Klausuren sind in den Lehrgangsmaterialien enthalten?
  - ? Sind Musterlösungen bereits in den Lehrgangsmaterialien enthalten?
  - ? Können Sie die Klausuren jederzeit zur Korrektur einsenden?
    - ! Empfehlung:

      Das Klausurtraining ist entscheidend für Ihren Examenserfolg. Wiederholen Sie die Lerninhalte in Form von Klausuren und trainieren Sie von Anfang an mit Klausuren in unterschiedlichen Schwierigkeitsgraden.
    - ! Planen Sie ca. drei bis fünf Stunden pro Klausur ein.
    - ! Trainieren Sie mit den Klausuren auch Ihre Handschrift, denn im Examen müssen Sie über einen Zeitraum von vier bis sechs Stunden pro Klausur gut lesbar schreiben können. Sie können Klausuren inzwischen wahlweise handschriftlich oder als E-Klausur schreiben. E-Klausuren sind (Stand Juni 2025) ausschließlich in Frankfurt am Main möglich. Die wpk bietet ein Demoportal an: https://wpk.q-examiner.com/client/login
- Die Beratungsqualität
  - ? Individuelle Beratungs-Angebote
  - ? Unterstützung in der Vorbereitungsplanung
  - ? Begleitung über die gesamte Vorbereitungszeit bis zum bestandenen Examen
- Die Preise
  - ? Preise der Seminare und Lehrgänge absolut
  - ? Preise der Seminare und Lehrgänge absolut pro Veranstaltungstag
  - ? Rabatte und Boni
  - ? Gruppentarife
  - ? Zahlungskonditionen
    - ! Empfehlung:
    - ! Fordern Sie Leseproben der unterschiedlichen Anbieter an.

! Besuchen Sie die Infoveranstaltungen verschiedener Anbieter.

! Vereinbaren Sie Termine zum Probehören.

! Fragen Sie Freunde und Bekannte nach ihren Erfahrungen bei der Vorbereitung auf das WP-Examen.

! Erstellen Sie Ihre persönliche Checkliste mit den Punkten, die Ihnen wichtig sind.

☑ **Finanzierung**

Bei der Vorbereitung auf das WP-Examen entstehen Kosten für Prüfungsgebühren, Literatur, Lernmaterial sowie vorbereitende Seminare und Lehrgänge.

Die Kosten für die Vorbereitung auf das Wirtschaftsprüferexamen mit einem Weiterbildungsinstitut variieren sehr stark. Lassen Sie sich von verschiedenen Instituten Angebote erstellen.

Klären Sie möglichst im Vorfeld die für Sie optimale Finanzierung

? Unterstützung durch Ihren Arbeitgeber

? Möglichkeiten einer Ratenzahlung

? Nutzung öffentlicher Förderungen wie z. B. Bildungsscheck und Bildungsurlaub

2. Die Lernphase

☑ **Starten Sie entspannt!**

Beginnen Sie Ihre Lernphase entspannt, im Idealfall nach einem Urlaub, wenn Sie mehrere Module gleichzeitig vorbereiten. Wenn Sie sich über einen längeren Zeitraum für aufeinanderfolgende Prüfungstermine vorbereiten, sorgen Sie für entsprechende Auszeiten zwischen den einzelnen Lern- und Prüfungsphasen!

☑ **Lernen Sie effizient!**

Bei der Examensvorbereitung kommt es darauf an, dass Sie die Lerninhalte in Ihrem Langzeitgedächtnis speichern. Daher ist die richtige Lerntechnik entscheidend für Ihren Lernerfolg.

! Empfehlung:

! Lernen Sie möglichst in drei Lerndurchgängen.

! Lernen Sie aktiv – mit Mitschriften, eigenen Zusammenfassungen, Diskussionsbeiträgen, Arbeitsgemeinschaften o. Ä.

! Lernen Sie vernetzt in Themenfeldern – insbesondere, wenn Sie sich auf mehrere Module gleichzeitig vorbereiten.

☑ **Schreiben Sie Klausuren!**

Nutzen Sie Klausuren zur Vertiefung der Lerninhalte und zur Überprüfung Ihrer Lernfortschritte von Anfang an. Bei den meisten Weiterbildungsinstituten können Sie die Übungsklausuren zur Korrektur einsenden. Darüber hinaus sollten Sie Ihre Klausuren anhand von Musterlösungen nacharbeiten.

☑ **Halten Sie sich an Ihren Lernplan!**

Erstellen Sie unter Einbeziehung aller vorgenannten Aspekte Ihren eigenen Lernplan mit kleineren Etappenzielen und halten Sie sich möglichst konsequent daran.

! Empfehlung:

! Planen Sie auch Erholungsphasen ein.

! Prüfen Sie sich regelmäßig, ob Sie Ihre Etappenziele erreicht haben.

! Wenn Sie aus beruflichen oder privaten Gründen von Ihrem Plan abweichen müssen, revidieren Sie Ihren Plan realistisch und setzen Sie sich nicht zu sehr unter Druck.

☑ **Lassen Sie sich unterstützen!**

Nutzen Sie die Beratungsangebote Ihres Weiterbildungsinstituts, Ihrer Dozenten und Kollegen.

3. Die Examensphase

☑ **Anmeldung zum Examen**

Der Antrag auf Zulassung zur WP-Prüfung ist für die Prüfung im ersten Halbjahr bis zum 31. August des Vorjahres, für die Prüfung im zweiten Halbjahr bis zum vorangehenden 28. Februar bzw. 29. Februar zu stellen.

☑ **Freistellung**

Lassen Sie sich nach Möglichkeit vor dem/den für Sie relevanten Examensterminen freistellen. Die Rahmenbedingungen sind in den WP-Gesellschaften, Unternehmen oder Organisationen unterschiedlich. Wichtig ist, dass Sie unmittelbar vor dem Examenstermin ausreichend Freiraum zur Vorbereitung haben. Je mehr Modulprüfungen Sie vorbereiten, desto länger sollte die Freistellungsphase en block sein.

! Empfehlung:

! Bitten Sie im beruflichen und privaten Umfeld um Freiräume, die Sie für eine konzentrierte Vorbereitung in dieser Phase benötigen.

! Wenn Sie über nur geringe oder keine Freistellungszeiträume verfügen, lassen Sie sich rechtzeitig über entsprechende Gestaltungsmöglichkeiten von Ihrem Anbieter beraten.

☑ **Generalprobe**

Trainieren Sie die Examenssituation möglichst realistisch: Schreiben Sie möglichst viele Klausuren unter simulierten Examensbedingungen (Zeit, Hilfsmittel, Ort)!

! Empfehlung:

! Nutzen Sie die Möglichkeit, Ihre Übungsklausuren auf Examensniveau auch auf diesem Level professionell korrigieren und bewerten zu lassen. Erkundigen Sie sich nach entsprechenden Angeboten von Weiterbildungsinstituten.

☑ **Schriftliches Examen**

Je nach Ihren Vorkenntnissen müssen Sie die folgenden schriftlichen Prüfungsleistungen ablegen:

Die Klausuren in den einzelnen Prüfungsfächern, die sog. Aufsichtsarbeiten, dauern jeweils ca. vier bis sechs Stunden. Welche Hilfsmittel zugelassen sind, teilt Ihnen die Wirtschaftsprüferkammer mit der Ladung zur Prüfung mit.

Voll-WP-Examen	Verkürztes WP-Examen § 13 WPO	Verkürztes WP-Examen § 13b WPO	Verkürztes WP-Examen § 8a WPO
• 2 Klausuren BWL • 2 Klausuren PW • 1 Klausur WiRe • 2 Klausuren StR	• 2 Klausuren BWL • 2 Klausuren PW • 1 Klausur WiRe	• 2 Klausuren PW • 2 Klausuren StR Je nach Anrechnung entfallen: • 2 Klausuren BWL und/oder • 1 Klausur WiRe	• 2 Klausuren PW • 2 Klausuren StR

☑ Zulassung zur mündlichen Prüfung

Eine Zulassung zur mündlichen Modulprüfung erfolgt in jedem Modul nur dann, wenn die Durchschnittsnote der entsprechenden schriftlichen Modulprüfung mindestens die Note 5,0 beträgt. Falls die schriftliche Modulprüfung schlechter bewertet wird, ist diese Modulprüfung nicht bestanden und muss wiederholt werden.

Die Mitteilung der Prüfungsergebnisse sowie der Versand der Ladungen zur mündlichen Prüfung erfolgt ca. drei Wochen vor Beginn der mündlichen Modulprüfungen.

☑ Mündliches Examen

Die mündlichen Prüfungen finden modulweise ab Mai für den Prüfungstermin I und ab November für den Prüfungstermin II statt.

- Die mündliche Modulprüfung im Fach Prüfungswesen besteht aus einem Kurzvortrag (3 Themen zur Auswahl, Vortragsdauer: max. 10 Minuten, Vorbereitungszeit: 30 Minuten) und zwei Prüfungsabschnitten.
- Die mündlichen Prüfungen in allen anderen Modulen bestehen nur aus jeweils einem Prüfungsabschnitt.

  ! Empfehlung:

  ! Trainieren Sie rechtzeitig den Kurzvortrag im Fach Prüfungswesen anhand von Vortragsthemen vergangener Prüfungstermine. Entwickeln Sie Routine bezüglich der Vortragstechnik – das gibt Sicherheit in der Examenssituation.

! Nutzen Sie Protokolle, die in früheren Prüfungsterminen über die Mitglieder Ihrer Prüfungskommission von Prüfungskandidaten erstellt wurden.

☑ Examensergebnis

Für jedes Modul wird eine Gesamtnote aus dem Durchschnitt der schriftlichen und der mündlichen Noten gebildet, wobei das schriftliche Ergebnis mit einer Gewichtung von sechs einfließt, das mündliche Ergebnis mit einer Gewichtung von vier. Sie haben das Examen vollständig bestanden, wenn Sie innerhalb eines Zeitraums von 6 Jahren in jedem für Sie relevanten Modul eine mit mindestens der Gesamtnote 4,0 bewertete Leistung erbracht haben.

☑ Bestellung zum Wirtschaftsprüfer

Auf Antrag werden Sie nach bestandener Prüfung durch Aushändigung einer von der Wirtschaftsprüferkammer ausgestellten Urkunde als Wirtschaftsprüfer bestellt.

Viele Wege führen zum WP-Examen

Von Petra Hermann, Geschäftsführerin, kggk Agentur für gute Kommunikation GmbH, Köln

Petra Hermann begleitet AKS seit mehr als 20 Jahren in beratender Funktion. Gemeinsam mit Dr. Peter Abels bietet sie regelmäßig Info-Veranstaltungen für Interessierte am WP-Examen an.

Wer sich für eine Beratungsgesellschaft entscheidet, stellt sich einem hohen Leistungsdruck und Arbeitspensum. Die Vorbereitung auf das WP-Examen, immer noch als besonders schweres Examen in Deutschland geltend, stellt eine enorme Zusatzbelastung zum Arbeitsalltag dar. Mit dem modularisierten WP-Examen ist eine erhebliche Erleichterung gelungen.

Im Bericht der Prüfungsstelle für das Wirtschaftsprüfungsexamen bei der Wirtschaftsprüferkammer für die Berufsexamina 2024 zeigt sich ein erfreulicher Zuwachs an Teilnehmenden. 2.167 zum WP-Examen zugelassene Teilnehmende (das sind 12,5 % mehr als im Vorjahr) haben sich zu 3.094 Modulprüfungen angemeldet. Abgelegt wurden 2.789 Modulprüfungen, die mit nahezu 70 % bestanden wurden. Ein Vorteil der modularisierten Prüfungen: Eine bestandene Modulprüfung bleibt für die maximale Dauer von 6 Jahren bestanden! Das Examen kann in Etappen absolviert werden.

Die Veröffentlichungen der Wirtschafsprüferkammer zeigen anschaulich, dass die Modularisierung des Examens gut ankommt. Der Modulsplit wird rege genutzt. Dies spiegelt sich auch in der Belegung von Lehrgängen und Trainings bei AKS, Abels Kallwass Stitz. Eine Analyse der Buchungsdaten ergab mehr als 60 unterschiedliche Vorbereitungsmodelle. Eine möglichst passgenaue Examensvorbereitung entspricht auch der Empfehlung von AKS. Je besser Anzahl und Zeitpunkt der Modulprüfungen, Lehrgänge und Trainings zum persönlichen Kalender der Teilnehmenden passen, desto leichter wird die Vorbereitung empfunden.

Schon im Jahr 2022 zeigte sich in den Buchungen der Akademie, dass sich der überwiegende Teil der Teilnehmenden auf eine Modulprüfung konzentriert

(48 %) bzw. zwei Modulprüfungen (40 %) vorbereitet. Dabei kombinieren ca. 75 % aller Teilnehmenden die Module BWL/VWL und Prüfungswesen oder BWL/VWL und Wirtschaftsrecht (71 %).

Wer sich für das WP-Examen interessiert, fragt sowohl in den Info-Veranstaltungen wie auch telefonisch besonders häufig nach sinnvollen Splits von Modulen. In der Fülle der individuellen Gestaltungsmöglichkeiten gibt es Beratungsbedarf. Daher sei an dieser Stelle ein holzschnittartiger Blick auf unterschiedliche Strategien erlaubt:

„Augen zu und durch"

Wer ein verkürztes Examen mit 3 Modulen vorbereitet, sollte die Option auf das Ablegen von 3 Prüfungen zu einem Prüfungstermin erwägen.

Konsequenz: Ein knappes, lernintensives Prüfungsjahr steht bevor.

Möglichkeiten der Erleichterung: Belegung von prüfungsnahen kompakten Lehrgängen

Wesentlicher Vorteile: Die Chance auf 3 bestandene Module wird genutzt. Sollte eine schriftliche Modulprüfung nicht gelingen, kann die mündliche Prüfung (40 %!) retten. Bestandene Modulprüfungen bleiben für Folgeversuche bestanden. Das ist ein sehr großer Vorteil des modularisierten Examens.

„Nimm 2"

Wer 4 Module im Voll-WP-Examen vor sich hat, kann mit dem 2 + 2 Split ein machbares Pensum gestalten. AKS empfiehlt dann immer die Kombination von 2 gleichen Prüfungsterminen, d.h. Frühjahr + Frühjahr oder Herbst + Herbst. Dadurch werden Überschneidungen von schriftlichen und mündlichen Prüfungen vermieden.

Konsequenz: Der Vorbereitungszeitraum auf das WP-Examen verlängert sich, ist jedoch deutlich entspannter zu gestalten.

Möglichkeiten der Erleichterung: Module mit inhaltlichen Überschneidungen sollten zusammen vorbereitet werden, d.h. BWL/VWL und Prüfungswesen.

Vorteile: Deutlich bessere Work-Learn-Life-Balance als bei der gleichzeitigen Vorbereitung von 4 Modulen.

„Step by Step“

Viele Interessierte sehen die Vorbereitung des WP-Examens als Langstrecke. Wer sich nacheinander auf je 1 Modul vorbereitet, kombiniert ein machbares Vorbereitungsprogramm mit einem anspruchsvollen Berufsalltag.

Konsequenz: Die Vorbereitung zieht sich über einen Zeitraum von vier Jahren, wenn jeweils gleiche Prüfungszeiten (Frühjahr + Frühjahr, Herbst + Herbst) kombiniert werden.

Möglichkeiten der Erleichterung: Verkürzung der Lernzeiten auf examensnahe Lehrgänge, damit lange Erholungspausen zwischen den Lernslots geschaffen werden.

Vorteile: Entspannte WP-Examensvorbereitung, die weder das Berufs- noch Privatleben stark einschränken.

Ausgehend von diesen groben Strategien, lassen sich ganz individuelle Programme zusammenstellen. Hier einige Tipps:

- **Wichtige berufliche oder private Termine sollten als lernfreie Zeit geblockt werden.**
  Die Prüfungstermine liegen nah beieinander: Februar – Juni – August – Februar. Mut zur Verschiebung wird mit einer entspannteren Vorbereitung belohnt.
- **Kombination unterschiedlicher Lehrgangsformen schafft Freiheiten**
  Bei AKS können Lehrgangsformen (Kompakt in Blöcken oder längerfristiger an Wochenenden) frei miteinander kombiniert werden. Wer mit etwas Muße tüftelt und sich genau die Termine herauspickt, die gut passen, erntet einen schaffbaren Lernplan.
- **Mal ganz ehrlich …**
  Nicht mehr so fit in Mathe oder Statistik zu sein, noch nicht wirklich viel von IFRS gehört zu haben, ist ok! Auch wer von High-Flyern umgeben ist, sollte sich unterstützende Trainings gönnen. Dann gelingt der Einstieg in die Lehrgänge viel leichter.
- **So und So!**
  Viele Teilnehmende scheuen sich, die Modulprüfungen unterschiedlich anzugehen. Dabei machen Kombinationen auch in dieser Hinsicht Sinn. Zum Beispiel:

Modul 1: Selbstdiszipliniert und in eigener Zeiteinteilung vorrangig mit einem Fernlehrgang (Achtung: Klausur- und examensnahes Training nicht vergessen)
Modul 2: Vollausgestattet mit allen Trainings und Präsenzlehrgang
Modul 3: Live aber online, weil das z. B. mit Reisezeiten viel besser passt.

Viele Teilnehmerinnen und Teilnehmer haben die Chancen des modularisierten WP-Examens genutzt. 2024 verzeichnet die Wirtschaftsprüferkammer 434 bestandene Examen. Lediglich 33 Teilnehmende haben die Prüfung nicht bestanden. Die Chancen stehen also gut.

40 JAHRE VON LAUFF UND BOL
EXZELLEN
BERATE
VERSICHER
Ihr Fachversicherungsmakler für
rechts- und wirtschaftsberatenden Ber
Bartmannstraße 32 • 50226 Frec
Tel +49 (0)2234 95354-0 • info@vlub.de • www.vlu
Frechen/Köln | Hamburg | München |
Sie finden uns auch auf LinkedIn

Berufshaftpflicht-Versicherung – objektive Beratung durch kompetente Versicherungsmakler

Von Betriebswirt VWA Wolfgang H. Abels, Geschäftsführer
der von Lauff und Bolz Versicherungsmakler GmbH, Frechen

1. Ausgangssituation

1.1 Pflichtversicherung

Aufgrund berufsrechtlicher Vorschriften benötigt der angehende Steuerberater oder Wirtschaftsprüfer eine Berufshaftpflichtversicherung. Wie auch in anderen Bereichen, z. B. der Pflichtversicherung für Kfz-Halter, hat der Gesetzgeber eine Versicherungspflicht vorgeschrieben. Der Abschluss dieser Pflichtversicherung ist zwingende Voraussetzung für die berufliche Bestellung. Das heißt, der künftig selbstständig tätige Berufsträger muss der zuständigen Kammer zur Bestellung eine Versicherungsbestätigung eines in Deutschland zugelassenen Versicherungsunternehmens über den Abschluss eines entsprechenden Versicherungsvertrages vorlegen.

Begründet wird die Pflichtversicherung durch den Gesetzgeber mit dem besonderen Schutzbedürfnis der Mandanten hinsichtlich etwaiger vom Berufsträger verursachter Vermögensschäden. Dies liegt zweifellos daran, dass man den Angehörigen der rechts-, wirtschafts- und steuerberatenden Berufe eine besondere Fachkompetenz zubilligt, auf die sich der Ratsuchende mangels eigener Fachkenntnis verlassen muss. Führt ein Fehler des Berufsträgers zu einem Vermögensschaden bei dem Mandanten, soll dieser seinen berechtigten Anspruch realisieren können, unabhängig von den persönlichen Vermögensverhältnissen des Berufsträgers. Auf der anderen Seite schützt die Versicherung den Berufsträger vor der Haftung mit seinem Privatvermögen.

Somit stellt die Pflichtversicherung für Steuerberater und Wirtschaftsprüfer eine sinnvolle, interessengerechte Einrichtung dar.

Bei der immer komplexer und komplizierter werdenden gesamtwirtschaftlichen Situation, die selbst für Gewerbekunden schon längst nicht mehr zu durchschauen ist, sind Pflichtversicherungen auch für andere Beraterberufe eingeführt worden, z. B. jüngst für Berufsbetreuer.

1.2 Haftungsrisiko

Die Haftung für Vermögensschäden durch die Berufstätigkeit als Steuerberater und Wirtschaftsprüfer und der durch die Pflichtversicherung zur Verfügung gestellte Versicherungsschutz sind gesamtheitlich zu betrachten. Zunächst ist festzuhalten, dass der Berufsträger für von ihm verursachte Vermögensschäden seinem Mandanten gegenüber grundsätzlich in unbeschränkter Höhe haftet, somit auch mit seinem gesamten Privatvermögen. Über diese grundsätzliche Situation sollte sich jeder Berufsträger sehr deutlich im Klaren sein. Die Pflichtversicherung schützt ihn bis zur Höhe der Versicherungssumme vor diesem Risiko. Daher kommt es entscheidend auf die Analyse der persönlichen Risikosituation an, um die richtige Berufshaftpflicht-Versicherung in ausreichender Größenordnung abzuschließen.

1.3 Haftungsbegrenzung

Die persönliche Haftung kann in der Höhe begrenzt werden: Durch Einzelvereinbarung mit dem Mandanten oder durch Allgemeine Auftragsbedingungen. Beides begrenzt die Haftung jedoch nur dann, wenn sowohl die Einzelvereinbarung, als auch die Allgemeinen Auftragsbedingungen, mit dem Kunden wirksam vereinbart wurden. Dazu muss der Mandant der jeweiligen Vereinbarung ausdrücklich zugestimmt haben, wofür sich aus Beweisgründen die Schriftform empfiehlt. Weitere Wirksamkeitsvoraussetzungen für die Haftungsbegrenzung sind zum einen, dass eine Einzelvereinbarung keine niedrigere Haftungssumme beinhaltet als die gesetzliche Mindestversicherungssumme und zum zweiten, dass bei einer Haftungsbegrenzung durch Auftragsbedingungen eine Berufshaftpflicht-Versicherung bestehen muss, die mindestens die 4-fache Versicherungssumme der Pflichtversicherungssumme aufweist.

1.4 Mindestversicherungssummen

Wie sieht nun die gesetzliche Versicherungspflicht hinsichtlich der Mindestversicherungssumme für den Steuerberater und Wirtschaftsprüfer aus? Hier bestehen erhebliche Unterschiede:

1.4.1 Steuerberater

Die Mindestversicherungssumme für Vermögensschäden muss 250.000 € für den einzelnen Schaden betragen. Diese Summe muss für ein Jahr 4-fach zur Verfügung stehen. D. h., der Steuerberater muss Versicherungsschutz für den einzelnen Schaden in Höhe von einer Viertelmillion € einkaufen und für die Summe aller Schäden eines Jahres 1,0 Mio. € Versicherungssumme zur Verfügung halten. Dabei ist unerheblich, ob die Jahressumme etwa durch 4 Schäden mit jeweils 250.000 € oder mit 20 Schäden à 50.000 € aufgebraucht wird. Hier stellt sich die wichtige Frage, ob eine nur 4-fache Jahressumme, unter Berücksichtigung der Mandantenstruktur und der daraus resultierenden persönlichen Risikosituation, ausreichend ist.

Möchte der Steuerberater für seine Tätigkeit die Auftragsbedingungen verwenden – was der Regelfall sein dürfte – und dadurch seine Haftung beschränken, benötigt er eine Versicherungssumme für den Einzelschaden von 1,0 Mio. €, also die 4-fach höhere Summe der Pflichtversicherung. Nach den gesetzlichen Bestimmungen reicht für den Bereich der Pflichtsumme die 4-fache Jahresleistung. Somit würde eine Erhöhung der Pflichtsumme von 250.000 € auf die Versicherungssumme von 1,0 Mio. € für nur einen einzigen Schaden eines Jahres zur wirksamen Haftungsbegrenzung auf 1,0 Mio. € ausreichen. Was aber ist, wenn diese Summe durch einen ersten Schaden bereits verbraucht wird? Dann besteht für einen zweiten Schaden kein Versicherungsschutz in ausreichender Höhe und die bereits beschriebene Konsequenz der persönlichen Haftung tritt unweigerlich ein. Hier sei ein erster Hinweis auf die unbedingt nötige fachkundige Beratung beim Versicherungsabschluss erlaubt.

1.4.2 Wirtschaftsprüfer

Für den Wirtschaftsprüfer sieht die Versicherungspflicht und im Bereich der Prüfung auch die Haftung anders aus. Seit Inkrafttreten des FISG am 01.07.2021 haftet der Wirtschaftsprüfer gem. § 323 HGB für eine Prüfung von

- Kapitalgesellschaften, die von öffentlichen Interesse nach § 316a Satz 2 Nummer 1 sind – also Kapitalgesellschaften, deren Papiere an einem organisierten Markt gehandelt werden oder die dies beabsichtigen – auf 16 Millionen Euro, bei grob fahrlässigem Verhalten unbegrenzt;
- CRR-Kreditinstituten (Depotbanken) sowie Versicherungsunternehmen, soweit diese nicht bereits unter die erstgenannte Kategorie fallen, auf 4 Millionen Euro, bei grob fahrlässigem Verhalten auf 32 Mio. €;
- Sonstigen Kapitalgesellschaften auf 1,5 Millionen Euro, bei grob fahrlässigem Verhalten auf 12 Mio. €.

Für vorsätzliches Verhalten im Rahmen einer Abschlussprüfung und für alle anderen Tätigkeiten haftet der WP unbeschränkt.

Da die überwiegende Anzahl der Wirtschaftsprüfer Abschlussprüfungen gar nicht oder nur in geringem Umfang vornehmen, sondern vor allem allgemeine Wirtschaftsberatungen sowie Steuergestaltungen und Steuerberatungen, zieht die gesetzlich vorgesehene Haftungsbegrenzung nur in den wenigsten Fällen.

Anders als Steuerberater müssen sich Wirtschaftsprüfer mit einer Versicherungssumme von mindestens 1,0 Mio. € versichern. Diese Summe muss mit mindestens vierfacher Jahreshöchstleistung zur Verfügung stehen, d. h. für sämtliche durch den WP beruflich verursachten Vermögensschäden muss eine jährliche Versicherungskapazität von mindestens 4 Mio. € vereinbart sein.

Der Wirtschaftsprüfer kann seine Haftung für andere als Prüfungstätigkeiten durch Einzelvereinbarung auf die Summe von 1,0 Mio. € oder über Allgemeinen Auftragsbedingungen auf 4,0 Mio. € beschränken. Die Einzelvereinbarung wiederum darf über keine geringere Summe als die Pflichtversicherungssumme von 1,0 Mio. € lauten. Die Vereinbarung einer geringeren Summe wäre unwirksam und würde wieder zur unbeschränkten Haftung für den Wirtschaftsprüfer führen.

Zur wirksamen Haftungsbeschränkung durch Allgemeine Auftragsbedingungen benötigt der Wirtschaftsprüfer eine Versicherungssumme von 4,0 Mio. €, die, vergleichbar dem Steuerberater, im Bereich oberhalb der Pflichtsumme nur mit 1-facher Summe pro Jahr zur Verfügung stehen muss. Auch hier sei deutlich auf die Gefahr des Verbrauchs dieser Summe hingewiesen.

Wegen der möglichen Gefahr des Verbrauchs von Versicherungssummen bei einer zu gering vereinbarten Jahreshöchstleistung haben die meisten mittelständischen und großen WP-Sozietäten und WP-Gesellschaften die Versicherungssumme der ersten 4,0 Mio. € oder auch der ersten 5,0 Mio. € mit unbeschränkter Jahreshöchstleistung vereinbart.

Eine Besonderheit stellt § 44b Wirtschaftsprüferordnung dar, wonach die mit einem Wirtschaftsprüfer soziierten Berufsträger, wie z. B. Steuerberater und Rechtsanwälte, sich wie der WP versichern müssen. Die stark erhöhte Versicherungspflicht brachte das seit Mai 1998 in Kraft getretene und ab 01.01.1999 wirkende Gesetz zur Kontrolle und Transparenz im Unternehmensbereich, kurz KonTraG, mit sich. Die seitdem verschärfte Rechtslage zieht auch die Haftung und damit die Versicherungspflicht der mit einem WP soziierten anderen Berufsträger in die Höhe.

2. Richtige Absicherung

Was ist nun die richtige Absicherung der Berufsrisiken? Für den Berufsanfänger in eigener Praxis mag die Mindestversicherungssumme ausreichend sein. Jeder Berufsträger sollte sich seine Risiken aus der Mandantenstruktur jedoch genau anschauen und eine entsprechende Absicherung einkaufen. Generell gilt: Die Ausgaben für Versicherungsprämien sind Betriebsausgaben, während die eventuell nötigen Ausgaben für Eingriffe in das Privatvermögen aus bereits versteuerten Einnahmen zu tätigen sind. Also empfiehlt es sich, von vorneherein bei der Risikoabsicherung nicht am falschen Ende zu sparen.

Wie ausgeführt, ist für Prüfungen die Vereinbarung einer Versicherungssumme von 1,0 Mio. € nach Gesetz ausreichend. Schon aufgrund der durch das FISG erhöhten Haftungsgrenzen sollte jedoch bei Bedarf eine höhere, den Risiken angemessene Versicherungssumme vereinbart werden. Dies gilt selbstverständlich auch für Tätigkeiten außerhalb der Abschlussprüfung.

Selbst eine wirksam vereinbarte Haftungsbegrenzung auf z. B. 4,0 Mio. € ist für den Berufsträger nachteilig, wenn der geschädigte Mandant für einen diese Summe etwa übersteigenden Schaden keinen Ersatz erhält. Diese Kundenbeziehung könnte nachhaltig gestört sein oder zum Verlust insgesamt führen, von einem geschäftsschädigenden Imageverlust bei Bekanntwerden des Falles ganz zu schweigen. Ferner ist zu berücksichtigen, dass die Anspruchsmentalität der Mandanten und die Klagebereitschaft, gefördert durch bestehende Rechtsschutzversicherungen, stetig steigt. Nicht zuletzt sei auf die inflationsbedingten Erhöhungen der Ansprüche hingewiesen.

3. Marktsituation

3.1 Anbieter

Nun zum Versicherermarkt auf der Anbieterseite des Versicherungsschutzes für Berufshaftpflicht-Risiken: Für Steuerberater gibt es eine gute Handvoll respektabler Anbieter mit dem nötigen Know-how auch für die qualifizierte Abwicklung der teilweise sehr schwierigen Regressfälle.

Bei den Wirtschaftsprüfern hingegen ist die Anbieterseite drastisch eingeschränkt. Marktführer mit einem Marktanteil von knapp 70 % ist hier die Versicherergemeinschaft für Steuerberater und Wirtschaftsprüfer in Wiesbaden. Dabei handelt es sich um eine Versicherungsgemeinschaft bestehend aus drei großen Versicherungsgruppen, die dieses Geschäft nicht selbst betreiben, sondern dort „gepoolt“ haben.

Den Rest des Marktes teilen sich ein weiterer großer Versicherer sowie wenige weitere Anbieter. Man muss also konstatieren, dass der Markt für die Berufshaftpflichtversicherung von Wirtschaftsprüfern eingeschränkter ist, als bei den Steuerberatern. Die Berufsträger treffen also insgesamt auf einen sehr engen Anbietermarkt.

3.2 Vermittler

Die nötigen Berufshaftpflicht-Versicherungen können nun entweder direkt bei den Anbietern, über die Vertreterorganisationen der angeschlossenen Versicherungsgruppen, über im allgemeinen gewerblichen Geschäft tätige Versicherungsmakler, oder über einen der wenigen Spezial-Versicherungsmakler für die Vermögensschaden-Haftpflichtversicherung abgeschlossen werden.

Bei den Vertretern der Gesellschaften ist zu beachten, dass sie im Namen ihrer Gesellschaft handeln und nur das Produkt dieser Gesellschaft anbieten dürfen. Hier ist man also auf dieses eine Angebot angewiesen. Eine vertiefte Kenntnis des Versicherungsvertreters über die Haftung und die Versicherungsbedürfnisse der Steuerberater und Wirtschaftsprüfer hinsichtlich der Berufsrisiken kann man in der Regel nicht erwarten, da die Vertreter eine

Vielzahl von Versicherungsprodukten vertreiben. Die Vermögensschaden-Haftpflichtversicherung gehört damit nicht zur Kernkompetenz.

Auch der allgemein tätige Versicherungsmakler für das gewerbliche Geschäft tut sich mit der Materie schwer. Er hat nur selten mit dem Bereich der Berufshaftung der Wirtschaftsprüfer und Steuerberater zu tun und wird oft von den wenigen in diesem Markt tätigen Versicherern als vermittelnder Partner überhaupt nicht akzeptiert.

3.3 Spezial-Versicherungsmakler

An wen sollen sich die Berufsträger nun wenden? Hier steht der Spezial-Versicherungsmakler für die Vermögensschadenhaftpflicht-Versicherung zur Verfügung. Es gibt in Deutschland wenige Spezialisten, die sich in diesem anspruchsvollen Bereich auskennen, guten Zugang zum Anbietermarkt haben und für den nötigen Wettbewerb zum Nutzen der Berufsträger sorgen.

Der Spezial-Versicherungsmakler kennt die verschiedenen Möglichkeiten der Prämieneinstufungen. Er ermittelt gemeinsam mit dem Berufsträger den tatsächlichen Bedarf und die richtigen Deckungsformen. Dies sowohl hinsichtlich des erforderlichen Bedingungsumfangs als auch bezüglich der Höhe der Versicherungssumme und der wichtigen Frage der Summe pro Versicherungsjahr.

Der Versicherungsmakler arbeitet unabhängig und ist ausschließlich seinem Kunden verpflichtet. Nach dem sogenannten Sachwalterurteil des BGH hat er seinem Kunden den „best advice“ zur Verfügung zu stellen. Für Fehler seiner Beratung haftet er. Daher ist es erforderlich, dass der Makler selbst über eine ausreichend hohe Vermögensschaden-Haftpflichtversicherung verfügt, die im Falle eines Falles eintritt.

Der Spezialmakler ist darüber hinaus in der Lage, bei den immer öfter benötigten hohen Versicherungssummen mehrere Versicherer zu bündeln und den Bedarf nach einer Versicherungssumme bis in dreistelliger Millionenhöhe zu decken. Nötigenfalls hat der Spezialmakler auch den Zugang zu professionellen ausländischen Versicherungsmärkten, wenn die Deckungskapazität der Versicherer in Deutschland erschöpft ist.

4. Prämiengestaltung

Noch einige Details zur Prämienberechnung der Berufshaftpflicht-Versicherung für Steuerberater und Wirtschaftsprüfer: Der Berufsanfänger kann einen Anfangsnachlass erwarten oder eine geringere Prämieneinstufung bei geringerem Umsatz. Hierzu muss man wissen, dass es Umsatzstaffeln gibt und auch Nebenberufsrabatte für nur eingeschränkt tätige Berufsträger. Es ist davon auszugehen, dass diese Details ein weniger versierter Versicherungsvertreter nicht kennt und sehr oft deutlich zu hohe Prämien gezahlt werden.

Besonders interessant ist die Prämienberechnung bei Mehrfachqualifikation des Beraters: Der Wirtschaftsprüfer, der beispielsweise zugleich auch zugelassener Rechtsanwalt ist, zahlt nicht selten die Prämie für beide Qualifikationen, obwohl er nur zu 100 % arbeiten kann. Dass die Berater üblicherweise viel arbeiten, ist in den Prämien schon einkalkuliert. Trotzdem findet man oft Versicherungsverträge, in denen für beide Bereiche die volle Prämie berechnet wird. Bei einer Beratung durch einen Versicherungsvertreter kann man hier eine Absicht mangels Kenntnis wohl nicht unterstellen; für den die zu hohe Prämie zahlenden Berufsträger ist die Sache gleichwohl ärgerlich.

Auch diese Beispiele sollen die Vorteile für den Berufsträger verdeutlichen, wenn er seine immer teurer werdende Berufshaftpflicht-Versicherung über einen Spezial-Versicherungsmakler einkauft. Nach der Marktusance arbeitet der Makler für seinen Kunden kostenfrei und erhält für seine Tätigkeit vom Versicherer eine Vergütung. Dabei wird die Prämie für den Kunden nicht etwa teurer. Im Gegenteil sichert die Einschaltung eines kompetenten Versicherungsmaklers die richtige und günstigste Prämienberechnung unter Ausnutzung des Wettbewerbs.

Auch im Regressfall wird der qualifizierte Versicherungsmakler seinen Kunden bestmöglich unterstützen. Die Moderation zwischen Anspruchsteller, Berufsträger und Versicherungsgesellschaft führt nicht selten schneller zum Abschluss eines immer unangenehmen Vermögensschadens als eine gerichtliche Auseinandersetzung.

5. Fazit

Die Steuerberater und Wirtschaftsprüfer arbeiten nach langer Ausbildung in einem anspruchsvollen und immer schwieriger werdenden Bereich, der für den Normalbürger schon längst nicht mehr durchschaubar ist. Der Gesetzgeber hat richtigerweise die Haftung und die Versicherungspflicht zum Schutz des Verbrauchers geregelt. Für die meisten Berufsträger ist der Mindestschutz keinesfalls ausreichend. Vielmehr sollte er sich zur Sicherung der eigenen Existenz ausreichend absichern, für den Fall, dass ihm einmal ein folgenschwerer Fehler unterläuft. Dabei gilt, dass der Berufsträger auch uneingeschränkt für die Fehler der angestellten Mitarbeiter haftet.

Die Beauftragung eines auf die Vermögensschaden-Haftpflichtversicherung spezialisierten Versicherungsmaklers zur optimalen Lösung der Versicherungsthematik der beruflichen Haftung ist daher dringend zu empfehlen.

Prüfung von Nachhaltigkeitsinformationen – ein Überblick

Von WP/StB Dr. Claudia Schrimpf-Dörges und WP Anna-Lena Thomsen, Grant Thornton AG WPG, Düsseldorf

1. Einleitung

Nach den bisher in Deutschland gültigen Regelungen der Non Financial Reporting Directive (NFRD) [1], umgesetzt ins deutsche Recht durch das CSR-Richtlinie-Umsetzungsgesetz (CSR-RUG), haben große, kapitalmarktorientierte Kapitalgesellschaften mit mehr als 500 Arbeitnehmern ihren Lagebericht um eine nichtfinanzielle Erklärung zu erweitern bzw. einen gesonderten nichtfinanziellen Bericht zu erstellen (im Folgenden nichtfinanzielle Erklärung), in der/dem einschlägige Nachhaltigkeitsinformationen enthalten sind.[2] Die nichtfinanzielle Erklärung muss dabei nicht inhaltlich durch einen Wirtschaftsprüfer geprüft werden, das HGB sieht in § 317 HGB lediglich eine formale Prüfung der Vorlage der Erklärung durch den Jahres-/Konzernabschlussprüfer vor. Da der Aufsichtsrat nach § 171 AktG jedoch eine inhaltliche Prüfung vornehmen muss, werden in praxi aber bereits viele nichtfinanzielle Erklärungen durch Wirtschaftsprüfer inhaltlich geprüft.

Die Corporate Sustainability Reporting Directive (CSRD)[3], Nachfolgerin der NFRD, erweitert die berufliche Tätigkeit von Wirtschaftsprüfern und Wirt-

---

[1] Directive 2014/95/EU of the European Parliament and of the Council of 22 October 2014 amending Directive 2013/34/EU as regards disclosure of non-financial and diversity information by certain large undertakings and groups (Non Financial Reporting Directive, NFRD), ABlEU vom 15.11.2014, L 330, 1.

[2] An dieser Stelle sei auf §§ 289b, c sowie §§ 315b, c verwiesen, die die Thematik der nichtfinanziellen Berichterstattung nach bisherigem Recht regeln.

[3] Richtlinie (EU) 2022/2464 des Europäischen Parlaments und des Rates vom 14. Dezember 2022 zur Änderung der Verordnung (EU) Nr. 537/2014 und der Richtlinien 2004/109/EG, 2006/43/EG und 2013/34/EU hinsichtlich der Nachhaltigkeitsberichterstattung von Unternehmen (CSRD), ABlEU v. 16.12.2022, L 322, 15.

schaftsprüfungsgesellschaften durch die Einführung einer Pflicht zur inhaltlichen Prüfung einer Nachhaltigkeitsberichterstattung von Unternehmen, die in den Anwendungsbereich der CSRD fallen.

Unternehmen, die nicht in den Anwendungsbereich fallen, dennoch aber freiwillige Nachhaltigkeitsberichte aufstellen, können diese selbstverständlich (weiterhin) freiwillig ebenso durch Wirtschaftsprüfer und Wirtschaftsprüfungsgesellschaften prüfen lassen.

Die CSRD ist in Deutschland – um regulatorische Wirkung zu erzeugen – noch in nationales Recht umzusetzen. Zudem hat die EU-Kommission in ihren jüngsten Veröffentlichungen die Überarbeitung der CSRD angekündigt und bereits damit begonnen[4].

2. Inhaltliche Prüfung von Nachhaltigkeitsinformationen

a. Prüfungsstandards

In der bisherigen Berufspraxis wurden (freiwillige) Prüfungen von Nachhaltigkeitsinformationen in der Regel unter Anwendung des International Standard on Assurance Engagement 3000 – Assurance Engagements other than Audits or Reviews of Historical Financial Information (ISAE 3000) in seiner überarbeiteten Fassung von Dezember 2013 durchgeführt. ISAE 3000 (Revised) ist ein generischer Standard und nicht auf die Prüfung von Nachhaltigkeitsinformationen ausgerichtet. Der Standard regelt stattdessen die Durchführung sämtlicher Arten von Prüfungsaufträgen, die nicht Prüfungen bzw. prüferische Durchsichten von vergangenheitsorientierten Finanzinformationen sind.[5] Am 14.11.2024 hat das International Auditing and Assurance Standards Board (IAASB) ISSA 5000 – General Requirements for Sustainability Assurance Engagements (ISSA 5000) [6] veröffentlicht, der als internationaler Standard speziell für die Prüfung von Nachhaltigkeitsinformationen –

---

[4] Vgl. z. B. Europäische Kommission, PM vom 26.2.2025, https://ec.europa.eu/commission/presscorner/detail/de/ip_25_614 (Abruf: 26.6.2025).

[5] Vgl. *Schrimpf-Dörges/Thomsen*, BetriebsBerater, 13.2025, S. 747ff.

[6] IAASB, ISSA 5000 General Requirements for Sustainability Assurance Engagements and Conforming and Consequential Amendments to Other IAASB Standard Arising from ISSA 5000, Nov. 2024, https://ifacweb.blob.core.windows.net/publicfiles/2025-01/IAASB-International-Standard-on-Sustainability-Assurance-ISSA-5000.pdf (Abruf: 26.6.2025).

unabhängig der zugrundeliegenden Normen zur Aufstellung der Nachhaltigkeitsberichterstattung – entwickelt wurde. Die Anwendung des ISSA 5000 gilt für Prüfungen von Nachhaltigkeitsinformationen über Zeiträume, die am oder nach dem 15.12.2026 beginnen[7].

Sowohl ISAE 3000 als auch ISSA 5000 sehen die Möglichkeiten vor, Nachhaltigkeitsinformationen mit hinreichender oder begrenzter Prüfungssicherheit zu prüfen. Die begrenzte Prüfungssicherheit folgt dabei einer Negativaussage, dass dem Prüfer keine Sachverhalte bekannt geworden sind, die auf wesentliche Fehler oder Unstimmigkeiten im Bericht hinweisen und hat einen deutlich höheres Prüfungsrisiko als das aus der klassischen Jahres- und Konzernabschlussprüfung bekannte Konzept der hinreichenden Sicherheit.

b. Vorbedingungen für die Prüfung

Bevor ein Auftrag zur Durchführung einer Prüfung von Nachhaltigkeitsinformationen nach dem neuen ISSA 5000 angenommen werden darf, hat der Prüfer festzustellen, ob die Vorbedingungen für eine Prüfung erfüllt sind.[8] Dazu gehören die Berücksichtigung bisheriger Erkenntnisse der Auftragsumstände und zusätzliche Befragungen geeigneter Personen des Unternehmens.[9] Hierbei hat der Prüfer bereits zu würdigen, ob das Unternehmen über einen Prozess zur Identifizierung der zu berichtenden Nachhaltigkeitsinformationen (z. B. eine doppelte Wesentlichkeitsanalyse, soweit diese nach den Anforderungen der Berichtsstandards erforderlich ist) verfügt. [10] Neben weiteren spezifischen Anforderungen hat der Prüfer zu beurteilen, ob der Auftrag einen rationalen Zweck aufweist. Dies bedeutet, dass bei einer Prüfung mit begrenzter Sicherheit festzustellen ist, ob ein solch aussagekräftiger Grad an Prüfungssicherheit erlangt werden kann, der Auftrag als Ganzes für den vorgesehenen Adressaten nützlich und nicht irreführend sein wird sowie der Umfang der Prüfung angemessen ist.[11] Letzteres ist vor allem in den Fällen relevant, in denen – wie bei freiwilligen Prüfungsaufträgen – Teile der zu berichtenden Nachhaltigkeitsinformationen aus dem Umfang der Prüfung ausgeschlossen werden.

---

[7] Bzw. Nachhaltigkeitsinformationen, die zu einem bestimmten Datum am oder nach dem 15.12.2026 berichtet werden.

[8] Vgl. im Detail *Schrimpf-Dörges/Thomsen*, BetriebsBerater, 13.2025, S.747ff.

[9] ISSA 5000 (Fn. 4), Tz. A184.

[10] ISSA 5000 (Fn. 4), Tz. 76 (a).

[11] ISSA 5000 (Fn. 4), Tz. 79.

c. Prüfungsplanung

Der Prüfer entwickelt eine Prüfungsstrategie und ein Prüfungsprogramm und legt Art, zeitliche Einteilung und Umfang der geplanten Prüfungshandlungen fest.[12] Außerdem hat der Prüfer Wesentlichkeiten für alle quantitative Angaben festzulegen und solche für qualitative Angaben zu würdigen, um die Prüfung zu planen und durchzuführen sowie letztlich zu beurteilen, ob die Nachhaltigkeitsinformationen frei von wesentlichen Fehlern sind.[13] Aufgrund der Anzahl der in Nachhaltigkeitsberichten enthaltenen Informationen empfiehlt es sich für die Würdigung sowie Festlegung von Wesentlichkeiten und die nachfolgend dargelegte Risikobeurteilung, die Nachhaltigkeitsinformationen in homogene Gruppen zusammenzufassen.[14]

d. Risikobeurteilung

Bei der Planung und Durchführung von Prüfungshandlungen zur Risikobeurteilung hat der Prüfer:

- ein Verständnis von den Nachhaltigkeitssachverhalten[15] und Nachhaltigkeitsinformationen[16] zu erlangen,
- die Eignung der angewendeten Kriterien zur Messung und Beurteilung der Nachhaltigkeitssachverhalte für die Auftragsumstände festzustellen,
- ein Verständnis von den Berichterstattungsmethoden des Unternehmens zu erlangen und die Angemessenheit dieser zu beurteilen,
- ein Verständnis vom Unternehmen und seinem Umfeld, einschließlich der betrieblichen Tätigkeit, Rechts- und Organisationsstruktur, Eigentümerschaft, Führung und Überwachung, Geschäftsmodell, sowie des rechtlichen und regulatorischen Rahmens zu erlangen.[17]

---

[12] ISSA 5000 (Fn. 4), Tz. 95 ff.

[13] ISSA 5000 (Fn. 4), Tz. 98.

[14] Vgl. *Schrimpf-Dörges/Thomsen*, BetriebsBerater, 13.2025, S.747ff.

[15] **Nachhaltigkeitssachverhalte** sind Umwelt-, Sozial- und Governance- sowie andere nachhaltigkeitsbezogene Sachverhalte

[16] **Nachhaltigkeitsinformationen** sind Informationen über Nachhaltigkeitssachverhalte. Sie resultieren aus der Messung und Beurteilung von Nachhaltigkeitssachverhalten anhand der Kriterien (z. B. der ESRS).

[17] ISSA 5000 (Fn. 4), Tz. 105ff.

Der Prüfer muss auch ein Verständnis von den für die Nachhaltigkeitssachverhalte und die Aufstellung der Nachhaltigkeitsinformationen relevanten Komponenten des internen Kotrollsystems (IKS) der Einheit, also Kontrollumfeld, Informationssystem und Kommunikation, Risikobeurteilungsprozess, Kontrollaktivitäten und Prozess zur Überwachung des IKS, erlangen.[18] Dies kann in der Regel durch Befragungen erfolgen. Diese Prüfungshandlungen reichen grds. aus, um Risiken wesentlicher falscher Darstellungen – sei es aufgrund von dolosen Handlungen oder Irrtümern – auf Angabeebene zu identifizieren und zu beurteilen.

e. Reaktion auf Risiken

Der Prüfer plant und führt Prüfungshandlungen durch, deren Art, zeitliche Einteilung und Umfang auf die beurteilten Risiken auf Angabeebene ausgerichtet sind.[19] Dabei sind die Gründe zu würdigen, die zu der jeweiligen Beurteilung der Risiken (etwa normal oder erhöht) geführt haben.[20] Die Nachweise müssen umso überzeugender sein, je höher das Risiko ist.[21] Der Prüfer entscheidet, ob sich die Prüfungshandlungen auch auf die Wirksamkeit von Kontrollen (sog. Funktionsprüfung) erstrecken sollen.[22] Allgemeine oder umfassende Reaktionen sind erforderlich, wenn Kontrollmängel, (vermutete) dolose Handlungen, (vermutete) Verstöße gegen Gesetze und andere Rechtsvorschriften und/oder Risiken, die sich umfassend in den gesamten Nachhaltigkeitsinformationen auswirken (sog. Risiken für die Nachhaltigkeitsinformationen als Ganzes), vorliegen.[23] Bei Prüfungsaufträgen zur Erlangung begrenzter Prüfungssicherheit bestehen die Reaktionen meist aus Befragungen und ergänzenden analytischen Prüfungshandlungen. Bei Verdacht auf wesentliche falsche Darstellungen sind zusätzliche Prüfungshandlungen erforderlich, bis der Prüfer sicher ist, dass die Informationen doch sachgerecht sind oder feststellt, dass sie eben falsch sind (sog. Deep Dive[24]).[25] Bei solchen

---

[18] ISSA 5000 (Fn. 4), Tz. 111Lff.

[19] ISSA 5000 (Fn. 4), Tz. 126L und 126R.

[20] ISSA 5000 (Fn. 4), Tz 125a.

[21] ISSA 5000 (Fn. 4), Tz. 125c.

[22] ISSA 5000 (Fn. 4), Tz. 125b.

[23] ISSA 5000 (Fn. 4), Tz. 126L und R.

[24] Vgl. *Disser/Skoluda*, WPg 2025, S.459ff.

[25] ISSA 5000 (Fn. 4), Tz. 148L.

zusätzlichen Prüfungshandlungen kann es sein, dass sich der Prüfer im Sicherheitsgrad einem Prüfungsauftrag mit hinreichender Sicherheit deutlich annähert.[26]

f. Abschließende Prüfungshandlungen und Prüfungsvermerk

Abschließende Prüfungshandlungen umfassen:

- die Kumulierung und Würdigung identifizierter falscher Darstellungen[27],
- die Beurteilung der Beschreibung der angewandten Kriterien[28],
- Prüfungshandlungen zu nachträglichen Ereignissen[29],
- Einholung schriftlicher Erklärungen vom Management und den für die Überwachung Verantwortlichen[30] und
- die Erlangung, das Lesen und die Würdigung sonstiger Informationen[31].

Im Anschluss sollte der Prüfer in der Lage sein, sich ein Prüfungsurteil zu bilden[32] und den Prüfungsvermerk[33] zu verfassen.

3. Zusammenfassung und Ausblick

Die Prüfung von Nachhaltigkeitsinformationen hat nicht zuletzt durch die Anforderungen der CSRD in Europa enorm an Bedeutung gewonnen. ISSA 5000 ist der erste spezifische Standard für diese Prüfungen. Als prinzipienbasierter, agnostischer und berufsunabhängiger Standard enthält er detaillierte Anforderungen für die Vorbedingungen eines Auftrags, die Prüfungsplanung, Risikobeurteilung, Reaktion auf Risiken, abschließende Prüfungshandlungen und den Prüfungsvermerk.[34]

---

[26] Vgl. *Schrimpf-Dörges/Thomsen*, BetriebsBerater, 13.2025, S.747ff.
[27] ISSA 5000 (Fn. 4), Tz. 153–161.
[28] ISSA 5000 (Fn. 4), Tz. 162.
[29] ISSA 5000 (Fn. 4), Tz. 163-164.
[30] ISSA 5000 (Fn. 4), Tz. 165-170.
[31] ISSA 5000 (Fn. 4), Tz. 171–177.
[32] ISSA 5000 (Fn. 4), Tz. 178–187.
[33] ISSA 5000 (Fn. 4), Tz. 188–212.
[34] Vgl. *Schrimpf-Dörges/Thomsen*, BetriebsBerater, 13.2025, S.747ff.

Nach den neuen Vorschlägen der EU-Kommission wird eine Prüfung in der EU nach CSRD auf dem Level einer begrenzten Prüfungssicherheit ausreichend sein. Zudem sind Vorschläge zur Reduzierung des Prüfungsumfangs dergestalt unterbreitet worden, als dass möglicherweise sogenannte targeted audit guidelines, für die inhaltliche Prüfung von Nachhaltigkeitsberichten nach CSRD ausreichend sein sollen. Ob dies für internationale Unternehmen annehmbare Normen wären, bleibt abzuwarten.

Wirtschaftsprüfer*in und dann? Weiterbildung!

Von Petra Hermann, Geschäftsführerin, kggk Agentur für gute Kommunikation GmbH, Köln

Wer das WP-Examen erfolgreich absolviert hat und in der Wirtschaftsprüfung tätig ist, wird „hinter die Kulissen“ blicken können. Wer für innovative Unternehmen arbeitet, muss selbst „up to date bleiben“. Investitionen und Weiterbildung in Digitalisierung sind spätestens dann auch für Wirtschaftsprüfende wichtig. Durch den zunehmenden Einsatz von Künstlicher Intelligenz im Prüfungsprozess, Automatisierungen und Data Analytics verändert sich auch die Prüfungspraxis. Mit zunehmendem Digitalisierungsgrad in der Mandantschaft wie in der eigenen Praxis werden Cyberrisiken und -security relevanter. In Analogie zur Medizin wird die Frage, ob Technik oder Mensch treffsicherere Prüfungen durchführen können relevanter. Das Berufsbild und Tätigkeitsfeld von Wirtschaftsprüfern werden sich entsprechend weiterbilden und anpassen müssen. Die Wirtschaftsprüferkammer (WPK) sieht in ihrem Digitalisierungskompass sechs relevante Themenfelder: Von der der Digitalisierungsstrategie bis zum Einsatz von passenden Softwarelösungen.

Ein weiteres großes Themenbild sind **Nachhaltigkeit und ESG-Berichterstattung**: Mit der Corporate Sustainability Reporting Directive (CSRD) kommen neue Pflichten auf Unternehmen zu. Wirtschaftsprüfer müssen dementsprechend viel häufiger das Thema Nachhaltigkeit prüfen. Die Erlaubnis dazu soll ein neues Gesetz regeln. Es sollte noch in der Regierungszeit von Kanzler Olaf Scholz verabschiedet werden, doch der Ampelbruch hat dies verhindert. Die nach § 24b WiPrüPrüfV-E geforderten Inhalte zur Qualifizierung zur Nachhaltigkeitsprüfer*in umfassen:

- Rechtliche Anforderungen und Standards für die Aufstellung der jährlichen und konsolidierten Nachhaltigkeitsberichte
- Nachhaltigkeitsanalyse
- Due-Diligence-Prozesse zu Nachhaltigkeitsaspekten
- Rechtliche Anforderungen und Standards für die Prüfung von Nachhaltigkeitsberichten

AKS, Abels Kallwass Stitz, bietet seit Veröffentlichung der Regelung für den Eintrag zur Nachhaltigkeitsprüfer*in in das Berufsregister (WPK) eine entsprechende Weiterbildung an. Die 40-stündige Fortbildung wird als Video-Lehrgang angeboten. Wie das Thema Nachhaltigkeit in zukünftige WP-Examensprüfungen integriert werden soll, soll in der neuen Regierung unter Kanzler Friedrich Merz entschieden werden.

Auch neue regulatorische Anforderungen aus dem HGB, dem internationalen Rechnungslegungsstandard (IFRS) oder dem IDW-Standard (z.B. IDW PS 340 n.F.) erfordern laufende Schulungen. Durchaus spannende Themen sind Geldwäscheprävention oder Hinweisgeberschutzgesetz.

Wahrscheinlich ist, dass Prüfungsleistungen zukünftig stärker austomatisiert durchgeführt werden können. Wirtschaftsprüfer können damit eine noch stärkere beratende Rolle einnehmen. Interpretation, Strategie und zielgruppenspezifische Ergebniskommunikation werden dann umso relevanter – womit sich neue Themen für Weiterbildungen öffnen. Diese sind kein „Nice-to-have“, sondern strategische Notwendigkeit.